AF609585

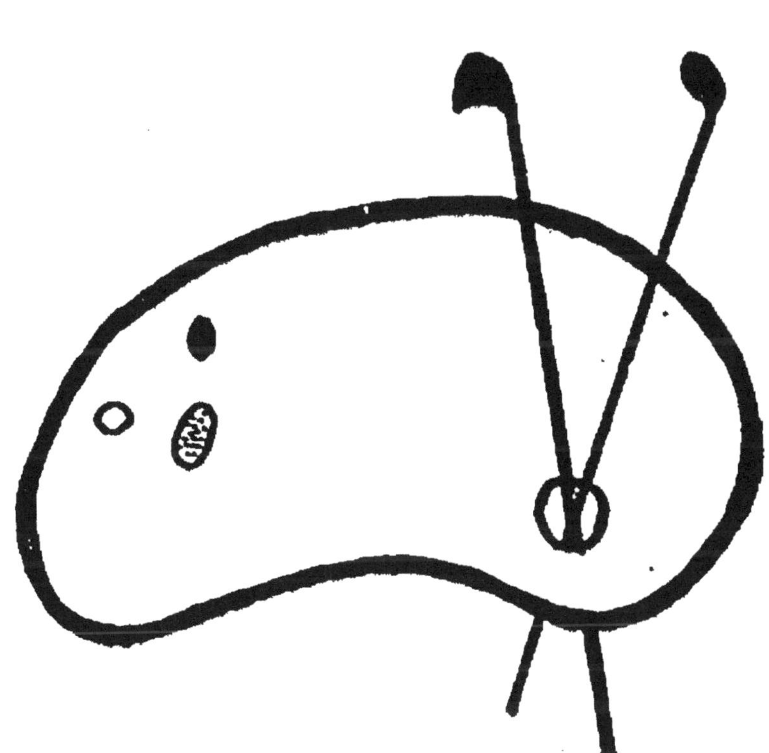

Couverture inférieure manquante

LETTRE

A

M. LE DOCTEUR LEPSIUS

SUR

SON ARTICLE INTITULÉ

UEBER DIE IN PHILÆ AUFGEFUNDENE REPUBLIKATION DES DEKRETES VON ROSETTE UND DIE ÆGYPTISCHEN FORSCHUNGEN DES HERRN DE SAULCY

PARIS

A. LELEUX, LIBRAIRE-ÉDITEUR,

RUE PIERRE-SARRAZIN, 9

1847

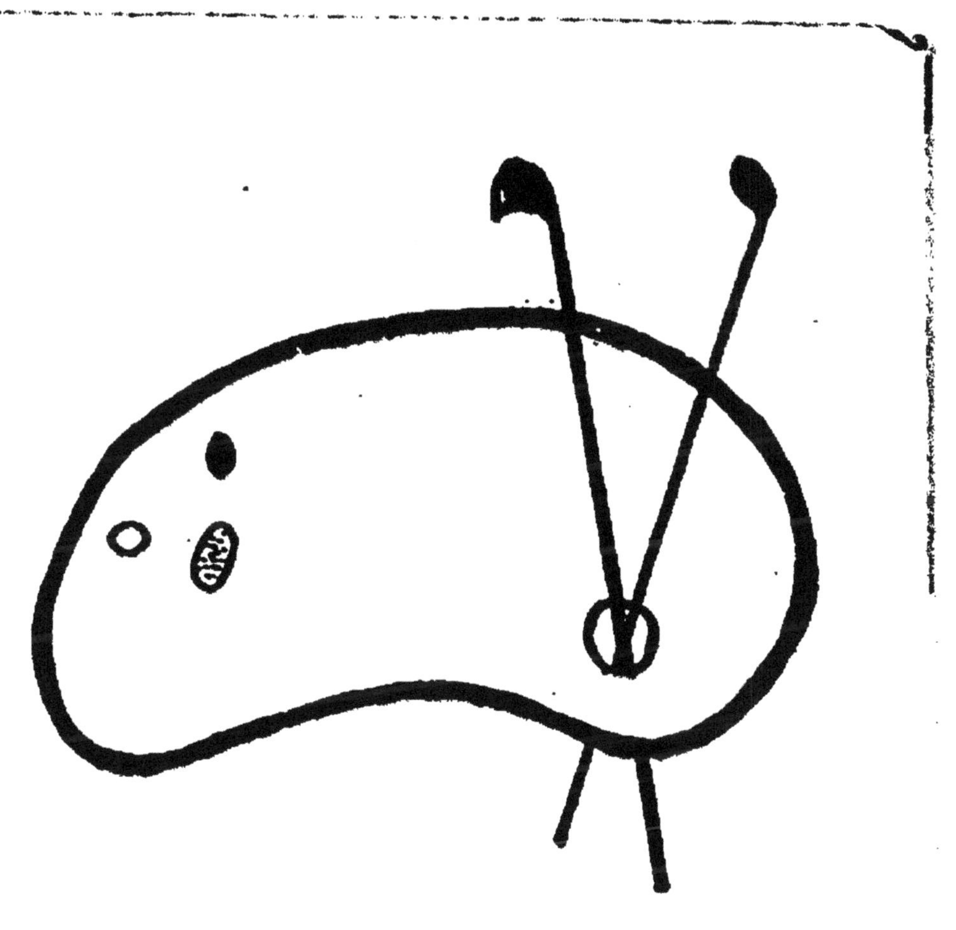

FIN D'UNE SERIE DE DOCUMENTS
EN COULEUR

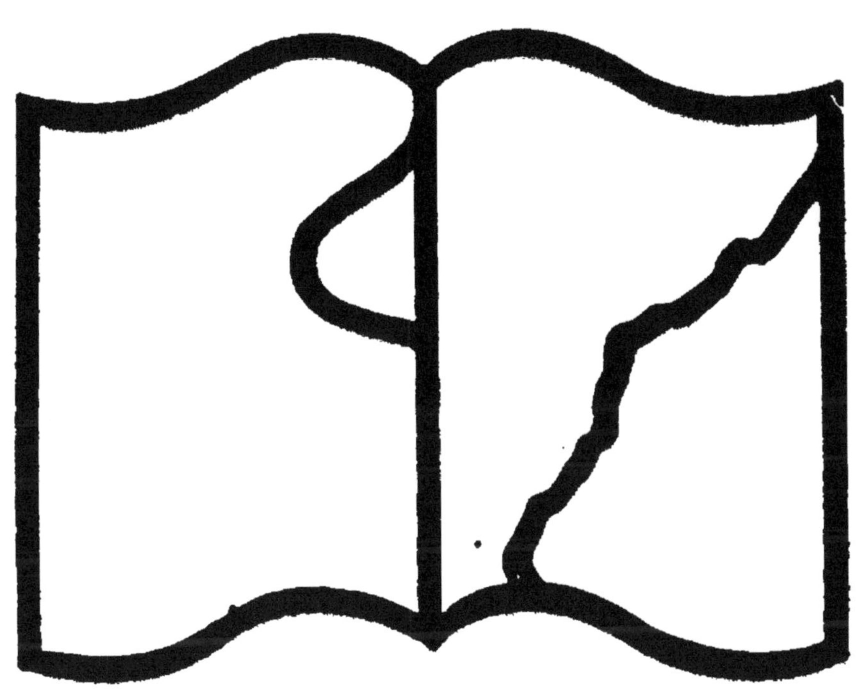

Specimen from Bisitun.

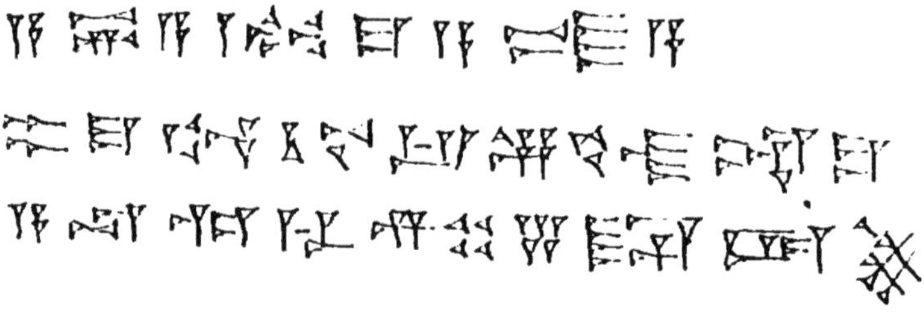

Texte Rectifié.

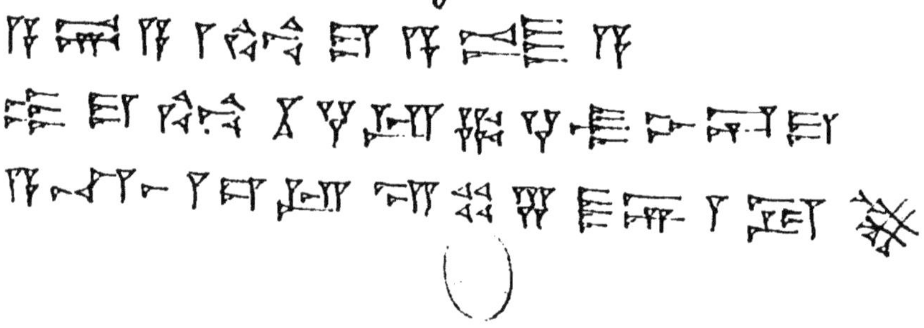

Transcription.

אדא 𒁹.גפאשא
המג אשר כדב כנם
אני 𒁹.ברתוי בן𒁹.ק. *Roi.*

Lith. Fourquemin.

LETTRE

A M. LE DOCTEUR LEPSIUS

SUR SON ARTICLE INTITULÉ:

Über die in Philæ aufgefundene Republikation des Dekretes von Rosette und die Ægyptischen Forschungen des Herrn de Saulcy.

Paris, 26 juillet 1847.

MONSIEUR LE DOCTEUR,

Après avoir pris connaissance du très-intéressant article dont je viens de rapporter le titre, j'ai quelque peu hésité sur le parti que j'avais à prendre pour répondre dignement à l'honneur que vous aviez bien voulu me faire, en vous occupant une fois de plus *con amore* de mes chétives productions. A vos deux lettres relatives au décret bilingue de Philes j'ai répondu dans la *Revue Archéologique*; je n'ai donc plus à m'occuper ici de cette inscription, car c'est là une affaire terminée, j'imagine; et si d'aventure vous vous sentiez quelque velléité de recommencer la discussion sur ce point, vous pouvez être assuré que je ne vous donnerais pas la réplique, et que par conséquent vous discuteriez tout seul. Nous avons aujourd'hui autre chose à débattre ensemble. Vous m'aviez promis une critique sérieuse de mes publications ; cette critique a paru, et c'est elle que je vais examiner. Vous m'y avez traité avec votre franchise habituelle, et je vous en suis très-reconnaissant, car elle me donne un bon exemple à suivre. Vous ne m'en voudrez donc pas trop, j'espère, si je fais mieux que vous, c'est-à-dire si je

6

prouve encore que vous n'entendez pas grand'chose à ce dont vous parlez avec tant d'aplomb. Vous voyez que nous serons quittes alors, et je pense que ce que nous aurons de mieux à faire sera de ne plus nous occuper l'un de l'autre. Moi, je vous le promets, je ne perdrai plus une minute de mon temps à discuter avec vous. Ainsi, vous avez le champ libre; dites de moi tout ce qu'il vous plaira, accablez-moi de vos anathèmes philologiques, vous n'avez plus de réplique à craindre. Ceci posé et bien entendu, j'entre en matière.

Après avoir reproduit votre première lettre à M. Letronne, mais avec quelques enjolivements que j'ai signalés ailleurs, vous ajoutez :

« Un travail tel que celui dont nous venons de nous occuper est déjà peu propre à inspirer de la confiance dans les autres travaux que le même auteur a publiés sur le même sujet d'étude, mais cette confiance disparaît totalement dès qu'on soumet ses travaux à un examen plus approfondi. »

Une assertion comme celle-là, monsieur le docteur, est suffisamment sévère pour qu'il soit convenable de l'appuyer sur de bonnes et solides preuves. Ces preuves, votre examen plus approfondi vous les a sans doute fournies, et vous allez les déduire par ordre. Pour parler mathématiquement (c'est pour vous être agréable que je me sers de cette expression qui vous plaît tant), vous avez parfaitement énoncé votre théorème. Il est clair et précis; je n'ai rien à dire sur cet énoncé : passons donc à la démonstration.

« Autant que je sache, dites-vous, M. de Saulcy a débuté par une lettre à M. Guigniaut, lettre où il le prend pour confident d'une nouvelle entreprise qui a pour objet la partie démotique de l'inscription de Rosette. La lettre ne contient point de développements; il les tient en réserve; mais elle contient une indication complète sur la manière de se former une opinion sur un objet, et sur la manière de s'en servir (p. 290). » Cette analyse de la première partie de ma lettre rappelle la question de ce profond philosophe qui demandait à tout le monde: « Que pensez-vous des choses en général? » Plaisanterie à part, monsieur le docteur, où avez-vous trouvé, je vous prie, dans cette innocente lettre, une indication complète sur la manière de se former une opinion sur un objet, et sur la manière de s'en servir? Ceci est bien général, bien obscur, bien bouffon, passez-moi l'expression en faveur de sa justesse.

Vous passez ensuite à une analyse détaillée à votre façon, c'est-à-dire rédigée avec une omission désespérante de tout ce qui fait que ce que j'ai dit a le sens commun, mais en revanche avec un tact merveilleux pour rassembler deci delà des lambeaux de propositions qui, mis bout à bout, forment un tout fort divertissant pour vous, mais fort humiliant pour moi. Or, monsieur le docteur, bien que je ne me croie pas un génie, je prétends néanmoins paraître un peu moins niais que je ne le suis quand vous me faites parler. Cette lettre à M. Guigniaut est assez peu répandue; et, comme un lecteur qui ne vous connaîtrait pas, pourrait vous croire sur parole, vous me permettrez de reproduire ici les passages essentiels de cette lettre que vous avez si agréablement travestie, et que j'ose croire logique et raisonnable, malgré le jugement peu favorable que vous lui avez appliqué.

« Monsieur et cher confrère,

« Vous avez toujours pris l'intérêt le plus cordial au succès des efforts que j'ai tentés pour arriver à la solution de quelques problèmes scientifiques; je crois donc, à mon tour, acquitter une véritable dette de cœur en vous prenant pour le confident d'une nouvelle entreprise à laquelle je me suis voué tout entier depuis quelques mois, et dont les premiers résultats ne sont peut-être pas dénués d'importance. J'ai bien la prétention de ne pas m'être trompé; mais ai-je en cela raison? A la bonne amitié dont vous m'avez donné tant de preuves, revient de droit le soin de m'éclairer, si je me suis abusé, ou de me stimuler, si j'ai eu le bonheur d'entrevoir une vérité. Oubliez donc un instant le rôle d'ami; laissez-moi vous imposer celui de juge, et croyez que vous aurez acquis un titre de plus à l'affection la plus sincère, en accueillant sans préventions favorables la petite découverte dont je viens trop pompeusement peut-être vous faire part aujourd'hui.

. . . .

« Je viens de citer de si grands noms que j'ai honte de me voir forcé de redescendre jusqu'à moi. Vous me le pardonnerez, j'espère, en faveur de l'humble bonne foi avec laquelle j'ai pensé devoir émettre ici quelques idées sur le plan d'étude qui me paraît le seul bon à suivre, si l'on veut arriver à faire avancer quelque peu la connaissance de l'écriture démotique.

« C'est en y pensant toujours que Newton parvint à saisir les lois immuables qui régissent l'univers ; on peut donc croire qu'en pensant profondément et avec persistance à un problème bien moins difficile, on aurait quelque chance d'en découvrir la solution.

« Posons-nous donc un problème général, et cherchons comment il faut procéder pour trouver l'explication d'un texte dont on ne connaît pas les éléments graphiques, mais qui doit représenter des mots d'une langue qui, bien qu'altérée, n'a pas moins conservé ses radicaux primitifs, radicaux qu'il faut retrouver, sous peine d'échouer complétement dans sa tentative.

« Les conditions du problème sont en outre les suivantes : on possède l'explication d'un ou de plusieurs textes de cette écriture, conçus en une langue tierce bien connue, et renfermant de nombreux noms propres.

« Avant toute espèce de recherche, on doit bien se pénétrer de l'essence propre et caractéristique d'une écriture destinée à l'emploi le plus familier, aux usages les plus vulgaires de la vie de toute une nation. Je ne veux rien affirmer ; mais ne semble-t-il pas, *à priori*, que les symboles doivent être bannis d'une écriture de ce genre, à moins toutefois qu'il ne s'agisse de représenter des idées si répandues, si bien dans la pensée de tous, que l'emploi des sigles devient alors commode, bien loin de faire naître des difficultés de lecture ? Ces symboles, généralement connus et adoptés, sont alors de véritables abréviations constantes, comparables en tout à celles dont l'usage est si fréquent et si simple dans notre propre écriture. C'est donc là le premier point à discuter sérieusement avec soi-même, et si l'on est forcément conduit par le raisonnement à conclure qu'une écriture conçue pour une destinée aussi vulgaire doit être purement alphabétique, il faut respecter religieusement cette conclusion, et se maintenir avec opiniâtreté dans le sentier étroit, mais direct, qu'elle laisse la faculté de parcourir.

« Ceci posé, il n'y pas deux moyens de procéder à la recherche des éléments de l'écriture que l'on veut étudier. Les bases de l'alphabet à construire ne peuvent être tirées que des noms propres toujours faciles à reconnaître, puisque l'on possède une traduction certaine des textes qui les contiennent. Ces noms propres, il faut les copier tous ; en recueillir toutes les variantes, sans en excepter une seule, et quel qu'en soit le nombre ; les disséquer ensuite avec une attention soutenue, et ouvrir pour chaque articulation un registre contenant, en face de chacun des signes qui la représentent, l'exemple qui l'a fourni. C'est un travail long et fastidieux sans doute ; mais sans lui point de salut ; il faut donc se résigner courageusement à le poursuivre jusqu'au bout.

« Vient ensuite un autre travail tout mécanique, pour lequel le bon sens est le seul instrument nécessaire, mais le bon sens analytique, ce bon sens enfin auquel l'étude des mathématiques donne presque toujours une si grande acuité. Deux textes sont mis en regard ; l'un, qui est d'ailleurs bien connu, est la traduction de l'autre ; on doit, avec de la persévérance, arriver infailliblement à scinder le texte inconnu en groupes de signes, images rigoureuses d'idées que l'on y attache pour toujours, et, pour ainsi dire, mathématiquement.

« C'est, j'en conviens, lorsqu'on entreprend une recherche pareille qu'il faut s'armer de patience ; car on doit savoir effacer sans regrets ce que l'on reconnaît mauvais, après l'avoir enregistré comme bon. On est d'ailleurs plus que payé de sa peine par la certitude absolue que l'on a déterminé le sens de chaque mot, mais d'une manière vague, puisqu'elle n'est encore qu'intuitive.

« Je le répète, on doit obtenir ce résultat, qui n'a pas un grand mérite, puisqu'il ne faut pour l'atteindre que du bon sens et de la patience.

« Tout ceci achevé, l'on est arrivé au terme des préliminaires : je veux dire qu'on a accumulé en quelques mois les matériaux indispensables pour commencer une étude sérieuse, et rien de plus. C'est, en effet, à ce moment seulement que naît le rôle de la philologie ; car, jusqu'alors, l'instinct seul a été mis en jeu.

« Un premier fait cependant doit être constaté déjà. Si, en effet, chacun des groupes se compose de signes nombreux et bien distincts, destinés à représenter un seul mot, il y a tout à parier contre rien que ces signes sont alphabétiques et non symboliques.

« En posant les conditions du problème, j'ai dit que l'une d'elles était l'existence d'une langue dont le vocabulaire serait loin d'être complet, il est vrai, mais qui, de près ou de loin, procéderait de la langue dans laquelle est conçu le texte qu'il s'agit d'expliquer. Le mécanisme grammatical de cette langue doit donc être étudié à fond, non pas dans ses détails les plus minutieux, mais dans tout son ensemble constitutif. Faute de cette connaissance, on pourrait peut-être faire quelques pas de plus; mais ils seraient si insignifiants qu'on ne saurait en tirer aucun avantage.

« Admettons donc que le mécanisme grammatical dont on prévoit l'application ait été bien étudié et soit connu; il faut alors procéder avec prudence, et recommencer la comparaison matérielle des groupes, mais cette fois avec le dessein d'y reconnaître les signes modificatifs, soit préfixes, soit suffixes, qui donnent à ces groupes des différences de nombre, de genre, de cas, qui y relient des articles ou des particules quelconques. Ces signes, faciles à déterminer, une fois mis à part, il faut alors appliquer aux mots qui en sont débarrassés les formes alphabétiques dont on s'est enrichi par l'étude des noms propres, et à l'aide d'un lexique où les mots sont groupés autour du radical dont ils sont les rejetons, on peut entreprendre la comparaison des mots du texte inconnu avec ceux de la langue congénère dont on possède les éléments.

« Il est bien clair que dans une étude pareille on ne peut procéder qu'en passant du connu à l'inconnu; si donc, par des tâtonnements plus ou moins heureux, on arrive à déterminer rigoureusement quelques mots, le but est atteint, et l'on doit espérer, sinon de les retrouver tous, du moins d'en reconnaître une très-grande partie dans le lexique que l'on tient à sa disposition.

« Je ne puis évidemment entrer ici dans tous les détails d'une opération analytique de ce genre; je le répète encore, pour y réussir il faut du bon sens et une patience à toute épreuve : cette patience, du reste, doit être largement récompensée par la joie des petites découvertes qu'elle réserve.

« Enfin, dès que l'on pense avoir reconnu tous les éléments d'une phrase, il faut voir si les mots s'arrangent à la suite les uns des autres dans l'esprit même de la langue qui s'applique aux groupes dont la lecture individuelle est obtenue. Si cette coïncidence heureuse se manifeste, non pas une fois, mais constamment, on est alors arrivé au point de pouvoir annoncer nettement que l'on tient la clef du texte inconnu dont on a poursuivi la lecture.

« Il y aurait eu de ma part, je le sens, de la puérilité à décrire, comme je viens de le faire, un plan raisonné de recherches, bon à suivre dans l'étude d'un texte encore indéchiffré, si je n'avais rien de plus à dire. Heureusement, monsieur et cher confrère, je puis aller un peu plus loin.

« Cette méthode tout entière, je l'ai appliquée avec le plus grand soin à l'analyse du texte démotique du décret de Rosette, et je suis heureux de pouvoir vous annoncer qu'elle m'a réussi. Quelques mots me suffiront pour vous faire connaître le point où je suis arrivé aujourd'hui, point que j'aurai dépassé demain, pour le dépasser encore le jour suivant.

« Toutes les variétés des noms propres existant dans les textes démotiques publiés, je les ai recueillies sans exception, et j'en ai tiré un alphabet certain, incontestable. En cela, vous le voyez, j'ai marché sur les traces de Kosegarten, et je m'en félicite. Puis j'ai étudié la grammaire et le lexique coptes de Peyron; mais après avoir, au préalable, opéré la dissection du texte démotique du décret de Rosette, dans tous les passages où cette dissection était praticable; car je ne m'étais pas, comme Young, imposé l'obligation de mettre un mot français sous chaque groupe démotique, pour construire des phrases constamment munies d'un sens déterminé à l'avance. En suivant cette méthode, j'eusse pu, comme le savant Anglais, donner quelquefois au même groupe des valeurs si parfaitement dissemblables, si incompatibles même, que je ne comprends pas qu'il ait pu se décider à les publier.

« J'ai fait ensuite l'application de mon premier alphabet aux groupes de sens bien déterminé par le tâtonnement, et qui ne contenaient que des signes déjà connus. Aussitôt j'ai eu la joie, bien vive sans doute, de reconnaître des mots de la langue copte.

« Je puis, dès aujourd'hui, vous donner, pour preuve de ce que j'avance, une liste très-considérable de mots extraits du texte démotique du décret de Rosette, mis en regard des mots coptes analogues ou identiques. Cette liste, je l'annexe à ma lettre, et je me bornerai à citer ici quelques chiffres positifs. Le décret entier se scinde en 1520 groupes environ, et 882 d'entre eux sont déjà transcrits et expliqués à l'aide du copte.

« Je ne terminerai pas, cependant, sans énumérer quelques résultats principaux que je serais, au besoin, en mesure de défendre dès à présent contre toute attaque. Les voici :

« 1° L'écriture démotique est purement alphabétique.

« 2° Dans l'immense majorité des cas, les voyelles sont supprimées, et lorsqu'elles sont exprimées, elles comportent d'ordinaire un son fort vague.

« 3° Les symboles ou abréviations ne sont employés que dans les cas où il devient inutile de représenter autrement que par des sigles les idées qu'il s'agit d'exprimer. Ainsi, les noms propres de divinité, les idées année et mois, quand il s'agit d'écrire une date, les idées

Dieu, roi, prêtre, éternité, vie, me paraissent représentés par des groupes conventionnels, bien que pour quelques-uns le contraire puisse être plus tard reconnu positivement.

« 4° Les noms royaux sont tous inscrits dans des cartouches à peu près semblables à notre parenthèse.

« 5° Les articles sont souvent supprimés, et la particule ϩ̄ de flexion l'est très-souvent aussi.

« 6° L'article féminin est toujours rejeté à la fin des groupes qui appartiennent à ce genre, comme cela a lieu pour le mot égyptien Μοῦθ que Plutarque nous a conservé, et qui n'est que le ⲧⲙⲁⲩ des Coptes.

« 7° Un signe conventionnel accompagne d'ordinaire les sigles ou abréviations, et joue le rôle d'un indice qui attire l'attention du lecteur sur le groupe qui le précède. Je me hâte d'ajouter que l'existence de ce signe imprononçable est plus que démontrée par le manuscrit de Leyde, à transcriptions grecques.

« 8° Enfin, deux signes homophones ne s'emploient pas indifféremment pour représenter un même radical; mais au contraire tout radical, dans quelque composé qu'il entre, conserve la forme qui lui a été assignée par l'usage une fois pour toutes, et il devient par le fait une véritable image matérielle de l'idée à laquelle il est attaché; de telle sorte que toute confusion d'idée est rendue impossible pour le lecteur.

« En résumé, il faut de toute nécessité reconnaître dans le texte démotique du décret de Rosette, une langue sœur aînée, ou plutôt mère du copte, n'en différant que par une simplicité et une précision plus grandes encore, par une orthographe sûre et constante des radicaux, et par la présence, à la fin de quelques-uns de ces radicaux, de consonnes qui sont tombées avec le temps, comme cela se manifeste toujours dans les idiomes qui vieillissent. »

Maintenant que cette transcription vient d'être faite avec la plus rigoureuse exactitude, je le dis pour vous rassurer, monsieur le docteur, car vous pourriez croire que je fais comme vous, c'est-à-dire que je supprime ce qui me gêne, et que j'ajoute ce qui me convient, maintenant, dis-je, il y a un nom à donner au moyen de dialectique par lequel vous terminez ce paragraphe de votre lettre : « Quant à la possibilité *du mélange* des deux espèces (les signes alphabétiques et les signes symboliques), comme dans les hiéroglyphes, *notre mathématicien n'y pense pas.* » Ce nom, si nous le cherchions ensemble, nous le trouverions sûrement. Tout seul, vous le trouverez probablement encore, et je m'en rapporte à votre sagacité pour cela.

Du reste, si vous avez raison de dire ensuite : « l'essentiel de sa méthode de déchiffrement consiste dans ce principe fondamental que l'écriture démotique est *purement alphabétique;* c'est le n° 1 des huit points en grande partie insignifiants qu'il donne comme le résultat de ses recherches; » vous aviez encore plus raison de déclarer insignifiants les sept autres points que j'ai déduits de mes recherches, car ce dédain commode vous dispense de les reproduire et vous laisse la faculté d'en imposer à vos lecteurs candides (comme vous dites un peu plus loin), en leur affirmant que les symboles sont impitoyablement bannis par moi de l'écriture démotique. Veuillez, je vous en prie, relire les articles 3 et 7, et j'ose espérer que vous serez d'accord avec moi pour comprendre que votre assertion sur ce point est cousine-germaine de la contre-vérité. Quant à l'importance des huit propositions énoncées par moi, je me permets de décliner votre jugement, vu que si vous travaillez, comme vous le dites, dans l'intérêt de la vérité, vous ne les avez pas comprises. Il n'y a pas de milieu, monsieur le docteur, si vous avez bien compris, vous avez sciemment dit le contraire de ce que vous aviez sous les yeux; si vous pensez avoir dit l'exacte vérité, vous n'avez pas compris ce que vous lisiez. Je suis fâché d'être obligé de vous poser ce petit dilemme. Mais que voulez-vous que je fasse sous vos coups de massue? il faut bien que j'essaye un peu de me défendre.

Vous dites vrai, monsieur le docteur, je conteste la réalité de la prétendue liaison « admise entre l'écriture démotique et les écritures hiéroglyphique et hiératique, liaison reconnue par Young, Champollion, Rosellini, Leemans et d'autres qui ont une connaissance exacte de la chose (les deux premiers contrairement à leurs premières hypothèses). » Je transcris vos paroles.

Moi qui n'ai pas une connaissance exacte de la chose, je m'en tiens aux premières hypothèses de Young et de Champollion, remarquant que leurs dernières hypothèses ne les ont menés à rien, non plus que tous les autres qui ont une connaissance exacte de la chose, vous compris; car naturellement vous devez être du nombre.

Vous ajoutez ensuite, monsieur le docteur : « Un savant ayant dit avec raison que, dans beaucoup de cas, les signes démotiques sont des abréviations des hiéroglyphes, voici comment M. de Saulcy s'exprime sur cette assertion : « Pour faire crouler tout ce paragraphe, » etc. (*Revue Archéologique*, n° du 15 septembre 1844, p. 345.)

J'ai voulu, en présentant les deux formes hiéroglyphique et démotique du nom Ptolémée, démontrer que la filiation par abréviation des caractères démotiques était purement imaginaire. Cette démonstration ne vous paraît naturellement pas bonne, monsieur le docteur, et cependant je vous prie de me permettre de la reproduire ici, telle que je l'ai donnée et non telle que vous l'avez arrangée. Et d'abord vous avez eu bien raison, je m'empresse de le confesser, d'ajouter votre mot *sic!* avec un grand point d'admiration, après la forme hiéroglyphique que j'avais donnée du nom Ptolémée. En effet ce nom est très-fortement estropié, grâce à un renversement du signe ⊐, renversement qui peut bien, en vérité, provenir de mon fait, et dont je m'accuse humblement à tout risque; grâce surtout à ce que l'imprimerie royale n'a pas de double poinçon pour les signes hiéroglyphiques qu'elle fait graver, et qui sont destinés à reproduire les textes en les concevant toujours écrits de gauche à droite. Revenons à nos deux noms hiéroglyphique et démotique.

J'ai dit (L. c. p. 346) : on en conviendra facilement, j'espère, pour retrouver dans les signes équivalents

= = P = = O = = S

= = T = = M = = L

= = I

des indices d'une pure dégénérescence par abréviation, il a fallu que le docteur Young et M. Dujardin, après lui, fissent un prodigieux effort d'imagination. Il en est de même pour vous, monsieur le docteur.

Cette démonstration que je persiste à regarder comme suffisamment établie par la seule comparaison des deux formes du nom de Ptolémée, j'avais cru devoir la corroborer à l'aide de la comparaison suivante des éléments hiéroglyphiques et démotiques du nom de Bérénice, parce que l'examen de Young avait porté précisément sur ces deux noms. Or voici ce que nous donne le nom de Bérénice.

= = B = = R = = N

= = I = = K

Vous avez jugé bon de vous dispenser de citer ce second exemple fourni par moi à l'appui de ma proposition, et tout à l'heure je vous dirai pourquoi. Convenez-en, monsieur le docteur, la filiation des caractères identifiés par vous, n'est pas d'une transparence telle, qu'il soit monstrueux de n'y pas croire sur votre parole. Convenez aussi que si je voulais vous faire accepter une vérité de cette force-là, vous jetteriez des cris de paon, ou tout au moins vous me demanderiez très-nettement si je me moque de vous. Moi qui sais bien à quoi m'en tenir, je ne vous le demande pas.

Je ne me rends pas bien compte du profit que vous espériez tirer de la phrase qui suit cette citation : « Je rapporte ce passage mot à mot pour montrer l'essence de sa manière de voir, et pour mettre devant les yeux sa méthode de discussion, et l'emploi qu'il fait de ce bon sens auquel l'étude des mathématiques a donné une si grande acuité. » Nos opinions, monsieur le docteur, étant diamétralement opposées sur ce point tout matériel, l'un de nous deux manque de sens. Vous dites que c'est moi ; je dis que c'est vous. Le public qui y voit plus clair que vous et moi se chargera de décider la question.

Vous ajoutez ensuite les phrases que voici : « Les deux assertions mentionnées et qu'il oppose en termes si peu scientifiques, si peu réfléchis, aux vues mûrement établies des autres savants, aussi bien celle qui dit que l'écriture démotique est purement alphabétique, que celle qui dit que cette écriture n'est pas une abréviation avec quelques changements, de l'écriture hiératique, comme celle-ci de l'écriture hiéroglyphique ; ces deux propositions, dis-je, sont complétement fausses, depuis longtemps réfutées, et ne font pas honneur à la pénétration de l'auteur. »

Comme le ton de ce passage ne fait rien à l'affaire, je n'en parle pas. Mes deux assertions, dites-vous, sont complétement fausses, et depuis longtemps réfutées. Permettez-moi de n'en rien croire et de vous prier en grâce de recommencer cette réfutation, en vous servant des noms de Ptolémée et de Bérénice que je viens de disséquer, et que je n'ai pas choisis, puisque j'ai pris les exemples adoptés par Young. Démontrez-moi que les caractères démotiques de ces deux noms dérivent, tant bien que mal, des caractères hiéroglyphiques correspondants, et cette démonstration-là, je vous l'affirme, fera beaucoup d'honneur à votre pénétration. Toutefois, pour vous éviter de vous donner au moins un démenti à vous-même, laissez-moi vous rappeler certaines phrases écrites par vous, publiées par vous, et que ma faible pénétration ne me permet pas d'ajuster à votre théorie d'aujourd'hui.

Je lis dans le tome IXe des *Annales de l'Institut archéologique de Rome*, 1837, p. 20, note 20 : « Voy. les échantillons des trois écritures sur notre planche B numéro 2. J'ai choisi pour cela un passage de l'inscription de Rosette dont j'ai donné le texte hiéroglyphique qui se trouve sur la pierre, ligne 6, la transcription en caractères hiératiques, la transcription en lettres coptes, le passage correspondant du texte démotique, ligne 21, la *traduction en copte*, le passage correspondant du texte grec, ligne 38, et la traduction française. »

Pourquoi, monsieur le docteur, garder pour vous seul la transcription de ce passage démotique, et n'en donner que la traduction copte? car enfin vous êtes sans doute en mesure d'épeler nettement ce passage, et vous réserver l'emploi exclusif de la clef que vous possédez, c'est montrer peu de générosité. Puisque mes lectures sont mauvaises, n'y allez pas par quatre chemins! ne me ménagez pas! donnez votre transcription de ce passage, au lieu de votre très-inutile traduction, et vous aurez alors commencé à démontrer quelque chose, en cessant de vous contenter d'énonciations pures et simples. Vos affirmations peuvent être excellentes pour vous; mais pour les autres, permettez-moi de craindre qu'ils ne disent tous comme moi : *Sunt verba et voces prætereaque nihil.*

A la page 73 je lis encore : « Certaines nuances de l'alphabet même, qui se sont impatronisées plus tard dans la langue égyptienne, se trouvent déjà en usage dans le démotique, tandis qu'elles sont négligées dans les inscriptions hiéroglyphiques du même temps. Je veux parler d'un vocalisme presque aussi constant que dans la langue copte, et de la parfaite séparation de l'R et de l'L (pl. B, n° 5 / et y), qui comme on sait se confondent constamment dans les hiéroglyphes, parce que ce n'était autrefois qu'une seule et même lettre, et qui dans les textes démotiques sont des lettres aussi distinctes que dans la langue copte; il est d'ailleurs encore à remarquer que ces deux lettres démotiques, qui ont une ressemblance frappante avec le pehlvi, ne paraissent pas dériver immédiatement de l'hiératique, mais être nouvellement introduites. »

Voilà donc deux signes, le / et le y , qui, de votre propre aveu, monsieur le docteur, sortent d'ailleurs que d'une dégénérescence de l'hiératique. Souffrez donc que je prenne acte de cette concession, dont je me servirai plus loin.

Je reviens à votre mémoire. Voulant fixer la proportion pour laquelle les caractères symboliques entrent dans l'écriture démotique, vous écrivez la phrase suivante : « La cinquième partie des signes démotiques ou même la quatrième, ou la sixième (selon qu'on prend l'idée phonétique dans un sens plus ou moins étendu) est idéographique. »

Voilà qui est clair; vous voulez fixer un chiffre, et pour vous donner les coudées franches, vous variez bravement du quart au sixième, c'est-à-dire, en d'autres termes, que sur 120 signes démotiques, il y en a peut-être bien 30 idéographiques, peut-être bien 20 seulement, ou peut-être bien encore 24; vous ne savez pas au juste lequel des trois, parce que cela dépend uniquement du goût des gens et de l'idée qu'on se fait du phonétisme. Soit dit entre nous, j'ai bien peur que l'énonciation de ces trois chiffres ne paraisse ridicule à qui désire un peu mieux que des approximations de cette espèce. C'est une observation que je vous soumets, en toute humilité, dans votre intérêt. Pour moi, à qui vous avez prouvé à satiété que vous comprenez très-bien l'écriture démotique, que vous ne puissiez dire si c'est 30 ou 20 signes sur 120 qu'il faut prendre, cela m'est tout un, je ne suis pas difficile. Mais ceux qui ne savent pas aussi bien que moi à quoi s'en tenir sur votre science, peuvent se montrer beaucoup plus exigeants. Voyez-vous, monsieur le docteur, il est presque toujours prudent de ne pas s'avancer plus qu'on ne veut, de peur d'avoir à marcher ensuite à reculons; car, à cette allure-là, on bronche souvent.

Vous ajoutez : « Mais M. de Saulcy veut, comme il a été dit, conclure *a priori* dès qu'il est solidement établi, comme dans l'inscription de Rosette, que les groupes particuliers, représentatifs des mots traduits avec certitude par Young et d'autres, quoique non analysés, consistent en signes nombreux et bien distincts, que ces signes sont nécessairement phonétiques et non symboliques. Si par là il veut dire qu'alors nécessairement une partie des signes doit être phonétique, il ne dit qu'une vérité généralement reconnue, et dont la confirmation n'avait pas besoin de toute *cette emphase;* mais s'il pense par là que tous ces signes doivent être alphabétiques, et que conséquemment cette conclusion confirme sa propre assertion, à savoir que l'écriture démotique n'était pas mélangée, mais purement alphabétique, il aurait pu s'assurer du contraire en jetant seulement un coup d'œil sur l'organisation qu'il reconnaît lui-même dans le système hiéroglyphique. »

Ceci est mal raisonné, ne vous en déplaise, monsieur le docteur. Je ne vois pas du tout comment je pourrais, en regardant à droite, m'assurer de ce qui se passe à gauche. Étudier l'organisation de l'écriture hiéroglyphique pour en déduire celle de l'écriture démotique, c'est bien là, je crois, trancher une question *a priori*, et sans y mettre trop de façons; je crois que le plus court, si l'on veut connaître l'écriture démotique, c'est d'étudier l'écriture démotique, sauf à vérifier plus tard si cette écriture présente des analogies avec l'écriture hiéroglyphique. Il n'y a pas d'emphase, j'espère, dans l'expression de cette humble opinion que je livre à votre sagacité habituelle, et pour cette raison, j'ose espérer que vous ne la rejetterez pas sans y regarder.

Quant à la conclusion que vous voulez me forcer à tirer de ce fait que, 1° des groupes de plusieurs signes représentent un seul mot, et 2° qu'une grande quantité de signes distincts correspondent au petit nombre de sons de la langue parlée, je n'en saisis pas bien la justesse. Vous dites qu'il résulte naturellement de là que l'écriture n'est ni purement idéographique, ni purement alphabétique, mais bien mixte, comme l'écriture hiéroglyphique; j'avoue que je ne vois pas le moins du monde ce qui vous autorise à raisonner ainsi. J'ai déjà dit ailleurs que pour une langue monosyllabique comme l'égyptien, représentée par une écriture sobre de voyelles comme le démotique, il était indispensable d'avoir de nombreux homophones à sa disposition, afin de stéréotyper pour ainsi dire une image constante et toujours reconnaissable des radicaux; franchement j'aime mieux cette explication d'une homophonie développée, que votre opinion qui ne rend compte de rien et qui n'a qu'un seul mérite, celui de vous donner raison à vos propres yeux.

Vous dites ensuite, monsieur le docteur, que je crois « avoir démontré à tout homme qui n'a que du sens commun, l'indépendance d'origine des écritures démotique et hiéroglyphique, et vous ajoutez fort plaisamment que je raisonne ici à peu près comme si je voulais démontrer aux *candides lecteurs* que les linguistes sont absurdes parce qu'ils dérivent : *jour* de *dies*, *rien* de *res*, *ai* de *habeo*.» Ma méthode n'exige pas tous les efforts et toutes les recherches grammaticales et linguistiques que nécessite la détermination des étymologies. Elle ne requiert pas, pour être jugée, une aussi vaste érudition que la vôtre, monsieur le docteur, et voilà pourquoi je crois avoir démontré à celui qui n'a que le sens commun à son service, que les signes démotiques ne dérivent pas des signes hiéroglyphiques, non pas, comme vous le dites, à l'aide d'un seul exemple arbitraire, mais bien par deux exemples fort peu arbitraires, puisque ce sont précisément ceux qui ont exercé la sagacité de Young.

Vous avez eu, souffrez que je vous le dise, monsieur le docteur, une très-malencontreuse idée de construire votre tableau des intermédiaires à replacer entre les formes hiéroglyphique et démotique du nom de Ptolémée, afin de mettre en évidence l'absurdité dont j'ai fait preuve en niant la filiation des signes. Je vais avoir l'honneur de vous démontrer que c'est votre tableau qui est parfaitement arbitraire, radicalement mauvais, et que par conséquent les conclusions si nettes que vous déduisez de son examen deviennent nulles. Vous dites, monsieur le docteur :

« S'il avait donné les termes intermédiaires suivants :

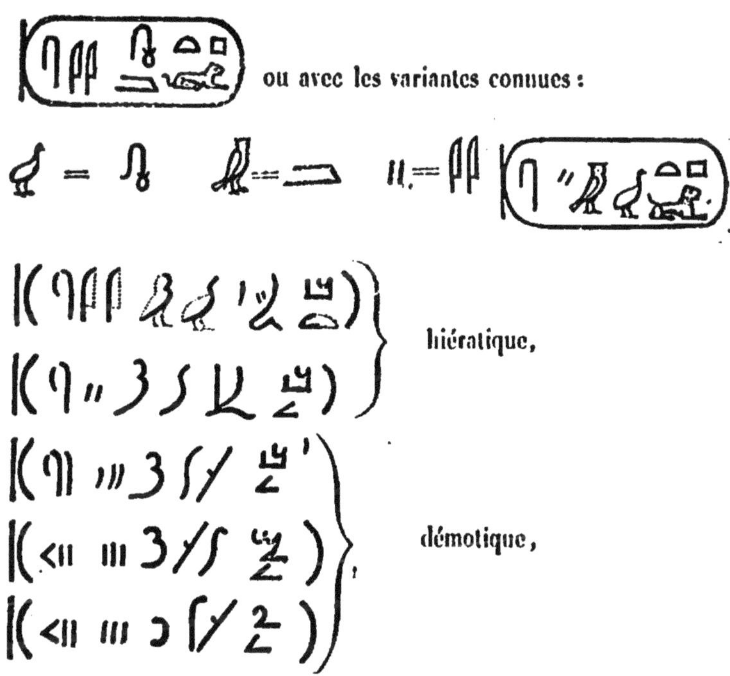

dans lesquels je puis garantir chaque signe particulier, quoique le nom de Ptolémée ne paraisse évidemment pas avant l'époque des Ptolémées, un tel exemple serait plus démonstratif pour la partie positive de sa démonstration, que ne l'est pour la partie négative la comparaison des termes extrêmes. »

Et d'abord, monsieur le docteur, je ne puis vous concéder un point, c'est que vous ayez le droit de croire que vous vous servez mieux de l'écriture égyptienne que les Égyptiens eux-mêmes. Votre phrase,

« quoique le nom de Ptolémée ne paraisse évidemment pas avant l'époque des Ptolémées, » ne vous autorise pas le moins du monde à changer la forme constante adoptée par les Égyptiens pour le nom Ptolémée. Donc votre substitution de la caille ou du poulet au bouton de fleur, de la chouette à l'*m* en trapèze ouvert à gauche, et des deux petits traits parallèles aux deux feuilles, est parfaitement illicite. Je ne vous conteste pas le moins du monde que ces signes soient des homophones, mais ce que je vous conteste c'est le droit d'arranger à votre guise un nom royal répété mille et mille fois avec la même forme et sous plusieurs règnes successifs, en le dépouillant de cette forme consacrée, pour lui en donner une de votre invention qui vous permette d'arriver, tant bien que mal, à ce que vous croyez une éclatante manifestation de votre système. Ce n'est pas tout encore : vous garantissez bien chaque signe en particulier; mais quand il s'agit de faits matériels, la garantie de personne ne saurait suffire, pas plus la vôtre que la mienne. Veuillez donc nous dire où vous avez pris vos deux variantes hiératiques du nom de Ptolémée, et où vous avez jamais vu l'M hiératique ainsi formé 𝟑 : je connais bien 𝟑, mais le signe que vous adoptez m'est complétement inconnu. Enfin, puisque pour vous l'écriture démotique est une simplification de l'écriture hiératique, c'est bien le moins que vous preniez la peine de nous expliquer comment vous entendez le mot simplification. Je vous adresse cette question à l'occasion des deux lettres hiératiques ҁ et // qui se sont *simplifiées*, afin de passer dans le démotique, en se chargeant chacune d'*un trait de plus*, la première devenant ҁ| (permettez-moi de vous dire entre deux parenthèses que vous avez rêvé l'existence de cette première variante de l'S démotique, vu que sa forme est constamment celle qui se retrouve dans vos deux dernières formes du nom); et la deuxième III. Étrange modification que celle qui, pour rendre plus simple et plus expéditif un signe formé de deux traits parallèles, se contente de lui en donner un troisième ! Quant au signe ⁄, je ne présume pas que vous ayez changé d'idée, et qu'aujourd'hui vous prétendiez y retrouver quelque chose comme la queue du lion qui est l'L hiéroglyphique. Vous avez déclaré vous-même, je vous l'ai rappelé, que ce signe ne dérive pas plus que le signe ⁄ R, de l'hiératique. Il faut donc le mettre de côté. Récapitulons : sur les signes qui composent le nom Ptolémée, deux, l'S et l'I, se sont *simplifiés* en se compliquant d'un trait de plus ; (d'ailleurs vous savez aussi bien que moi que la forme hiératique de l'hiéroglyphe // est ‖ ou // , avec un trait délié qui relie les deux traits principaux) ; un, l'L, de votre propre aveu, ne dérive pas de l'hiératique ; restent donc quatre signes seulement sur lesquels vous pouvez appuyer votre théorie. Examinons-les. Le P hiératique n'est évidemment que le P hiéroglyphique rendu cursif. Quant à la forme démotique, je conçois bien que le signe 2 offre quelque analogie avec , tout comme ɔ avec 3 et avec 3 ; mais quelque bonne volonté que j'y mette, je ne puis me décider à croire que 2 et proviennent de et de . Le ∠ T, démotique n'est que le ∠ hiératique, lequel à son tour n'est que le segment simplifié : cela est très-certain à mon avis. Poursuivons : que le signe démotique Γ que vous avez le tort d'écrire une fois ainsi ʃ pour arriver plus facilement à une compensation factice dont vous avez grand besoin, que ce signe, dis-je, soit une dégénérescence du signe la caille, voilà un fait merveilleux que vous seul, monsieur le docteur, pouvez avancer et croire ; enfin le signe ɔ de la pierre de Rosette que moi j'ai, sans tergiverser, cru reconnaître pour le signe hiéroglyphique , vous prétendez qu'il n'est descendu de celui-ci qu'après avoir passé par la forme 3 que vous substituez sans scrupule à la forme 3, qui, véritablement, n'est que la chouette hiéroglyphique ; je le veux bien encore. Il en résulte en définitive que le signe 2 et un carré, que le signe Γ et une caille, que le signe ɔ et une chouette, sont *unum et idem*. Je vous avoue que je ne l'aurais pas deviné.

Somme toute, monsieur le docteur, votre démonstration n'est pas heureuse, votre tableau ne prouve rien du tout, et nous restons tous les deux aussi convaincus que par le passé de la bonté de notre opinion, n'est-il pas vrai? Mais ne vous y trompez pas; vous m'avez dit que j'avais du bon sens, j'en use donc, et je vous déclare que je ne changerai pas d'avis avec vous.

Maintenant, pourquoi n'avez-vous pas étendu ce petit travail démonstratif au nom de Bérénice? On pourra se le demander, et je vais le dire pour vous : c'est que vous avez très-bien senti qu'il n'y avait guère moyen de ramener par l'écriture hiératique de l'hiéroglyphe  qui devient , au signe ; du  à l'R, , que vous avez reconnu étranger à l'écriture hiératique; de l'N,  qui devient — à l'  démotique qui ne ressemble à rien, et du  au  qui vient, ni vous ni moi nous ne savons d'où.

Encore un mot sur votre malencontreux tableau. Vous n'êtes pas persévérant, monsieur le docteur, dans le choix des transcriptions hiératiques que vous adoptez, car voici celle du nom de Ptolémée à laquelle vous vous étiez arrêté en 1837 (Pl. B. 2) :

ce n'est plus du tout 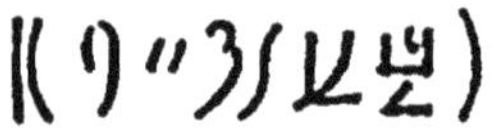

ni 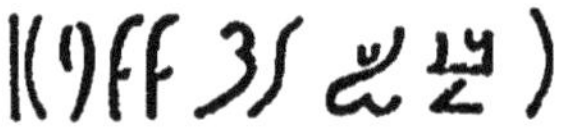

Et comme vous garantissez l'exactitude de ces deux dernières, j'en conclus que vous ne garantissez pas l'exactitude de l'autre, qui, pourtant, soit dit entre nous, est la seule admissible, puisque l'équivalent hiératique du signe  est , et celui du , ; car si vous garantissez la première, il faut bien ne pas garantir les deux autres, et c'est ce à quoi je vous engage.

Laissons maintenant ce tableau que, suivant votre avis, j'ai eu le tort insigne de ne pas mettre sous les yeux de mes lecteurs, et que vous avez eu, vous, monsieur le docteur, le bon esprit de construire, afin de me confondre.

Vous dites : « Il n'y a que peu de signes démotiques qu'il soit encore difficile de ramener à la forme de signes hiératiques ou hiéroglyphiques ; et si l'on passe en revue *la masse* des dérivations incontestables, et dont nous devons une *assez grande quantité* à Champollion et à Leemans, il ne peut rester aucun doute sur la loi générale. » A ceci je réponds que j'ai dans ma bibliothèque, et que, par conséquent, je connais les travaux que Champollion et Leemans ont publiés sur le démotique. Les alphabets donnés par le premier sont à la suite de son *Précis du Système hiéroglyphique*. Or, Champollion, qui pour le raisonnement nous valait bien tous les deux sans doute, dit ce qui suit dans sa préface : « Les signes alphabétiques démotiques ou de l'écriture populaire égyptienne occupent la quatrième colonne ; les formes démotiques marquées d'un astérisque expriment bien le même son que les caractères hiératiques et hiéroglyphiques correspondants, mais ne paraissent point en être directement dérivés (1). » Dès lors ces dérivations en assez grande quantité, dont il a constaté l'existence, selon votre avis, il les a établies sans s'en douter, comme M. Jourdain faisait de la prose. Permettez-moi de persister à croire que cette masse de dérivations ne sera reconnue par tout le monde, que le jour où vous en aurez démontré la certitude, un peu mieux que pour les signes qui constituent le nom de Ptolémée. Quant à la très-précieuse publication de Leemans, je prends la liberté de croire que vous l'avez peu étudiée, car il ressort de tout ce que vous en dites que vous ignorez à peu près complétement quelle est la nature du monument qu'elle concerne.

Vous ajoutez alors : « Aussi, d'où aurait-on pris les signes étrangers d'une écriture qui nous est tout à fait inconnue, et comment les Égyptiens auraient-ils conçu la pensée d'inventer de nouveau un système d'écriture compliqué, ayant beaucoup de signes pour un

(1) Voici un détail statistique assez curieux.

Cet alphabet de Champollion contient cent vingt signes en tout.

Quatre-vingt-onze d'entre eux ne forment en réalité que vingt-sept signes distincts ; de ces quatre-vingt-onze formes, cinq sont douteuses.

Vingt-cinq signes seulement ont une origine hiéroglyphique probable, et sur ces vingt-cinq signes, vingt et un représentent six lettres seulement.

Neuf signes sont entièrement imaginaires et n'existent pas. (Parmi ceux-ci ne sont pas compris les cinq signes douteux cités plus haut.)

Vingt-six signes sont marqués d'un astérisque et par suite reconnus étrangers à l'écriture hiéroglyphique par Champollion lui-même.

Enfin, neuf caractères sont mal classés et représentent tout autre chose que l'articulation à laquelle ils sont attribués.

On le voit, cet alphabet laissait beaucoup à désirer. Aussi ne fut-il pas reproduit dans la grammaire.

seul son, tandis que le peuple voisin se servait depuis longtemps d'une écriture purement alphabétique ou du moins syllabique? » Je vous avoue en toute humilité qu'il m'est impossible de saisir la pensée profonde que vous avez cachée sous ce passage; cela est trop savant et trop fort pour moi; je ne puis donc y répondre qu'une seule chose, c'est que je n'aurai jamais la prétention de contester à une nation le droit de prendre où elle voudra les signes représentatifs des sons de la langue qu'elle parle; et que si leurs voisins, qui avaient un idiome à radicaux trilittères, pouvaient parfaitement se contenter d'une seule image pour chaque articulation, les Égyptiens, dont l'idiome était essentiellement monosyllabique, ne pouvaient s'en tenir là, sous peine de n'avoir qu'une écriture indéchiffrable.

Le paragraphe suivant clôt l'analyse de ma lettre à M. Guigniaut. « Il est à peine nécessaire de dire combien doivent être incertains les résultats de recherches fondées sur une base aussi fausse; et lorsque l'explication des groupes démotiques est donnée avec plus d'exactitude qu'on ne devrait l'espérer, cela provient de ce que ces explications ne sont pas du fait de l'auteur, mais bien pour la plupart la conséquence des recherches de Young. A l'auteur appartient l'analyse, et celle-ci est, en général, totalement ou en partie incorrecte, nommément dans tous les cas où il avait devant lui des signes purement idéographiques, et que, d'après son système, il veut expliquer alphabétiquement. La langue aussi devient, sous sa main, une langue nouvelle, qui n'est ni copte, ni hiéroglyphique, ni même un intermédiaire naturel entre les deux. »

Je demande bien humblement pardon à Young de l'avoir audacieusement dépouillé des fruits de son labeur. Je ne me doutais pas le moins du monde des plagiats que je dois avoir commis, puisque vous me les reprochez, et maintenant je suis dans une si grande inquiétude sur ce point, que j'ose vous supplier, monsieur le docteur, de quitter cette forme vague d'accusation, et de reprendre la liste des groupes que j'ai expliqués dans ma lettre à M. Guigniaut, en indiquant les explications de votre goût, lesquelles reviennent à Young; puis les explications fausses qui sont tout naturellement de mon crû; prenez aussi la peine de dire en quoi mes analyses sont fausses; substituez-y les vôtres, qui doivent être admirablement justes, et comme ce travail n'est pas bien long, vous aurez, à peu de frais, rendu un grand service à la science.

Il me semble que pour vous mettre à l'abri du reproche de légèreté que vous m'avez infligé tant de fois, vous ne pouvez guère vous dispenser d'accueillir ma prière. D'ailleurs, le petit travail que je vous demande doit suffire, et de reste, pour démontrer que je suis dans le faux comme vous êtes dans le vrai, et certainement, un tel résultat vaudrait bien la peine de laisser là les assertions pour les preuves.

Après avoir examiné ma lettre à M. Guigniaut, vous passez à l'appréciation de ma réponse à l'article publié jadis dans la *Revue des Deux Mondes* par feu le docteur Dujardin. Vous faites d'abord connaître en peu de mots l'opinion que ce critique voulait faire prévaloir sur celle de Champollion, et vous dites :

« L'article avait été composé à l'occasion de quelques erreurs de Champollion, erreurs graves et d'assez grande importance, qui, sans justifier le jugement général de Dujardin, peut au moins l'excuser, d'autant plus que dans cet article, la discussion est toujours tranquille, consciencieuse et en partie très-méritoire. D'ailleurs, il retira de lui-même, plus tard, son reproche principal consistant en ce que Champollion serait tombé dans ces erreurs par son manque de connaissance du copte. Au contraire, le langage antiscientifique, hautain de M. de Saulcy, frappant de verges pédantesques un savant de mérite, désormais réduit au silence, est d'autant plus injuste, d'autant plus blâmable, qu'il compense les erreurs de Dujardin par des erreurs au moins aussi grandes, puisqu'il oppose au système purement idéographique de Dujardin, son système tout aussi inexact de l'alphabétisme pur. »

Je vous l'ai déjà dit ailleurs, monsieur le docteur, je ne puis vous infliger de plus dures représailles que celles que je tire de la reproduction textuelle de certaines phrases écrites par vous; celles que je viens de transcrire sont du nombre. Comme j'ai bien attentivement lu l'article de Dujardin, puisque j'y ai répondu ligne par ligne, je suis, je l'avoue, tout étonné de voir tomber de votre plume la phrase où vous affirmez que cet article avait été composé à l'occasion de quelques erreurs de Champollion, *erreurs graves et d'assez grande importance*. Monsieur le docteur, quand on se permet d'accuser un homme de génie d'erreurs graves et d'assez grande importance, on n'a pas le droit, quelque petit qu'on soit, d'espérer que l'accusation passera inaperçue et sans qu'il soit nécessaire de faire plus que de l'énoncer. Je vous somme donc très-nettement de déduire par le menu les erreurs graves et de grande importance que Dujardin reproche à Champollion, et dont vous avez vous-même reconnu l'existence. Tant que vous n'aurez pas prouvé et bien prouvé la réalité de ces erreurs, je me permettrai, à mes risques et périls, de croire et de dire que vous n'êtes pas de taille à parler aussi cavalièrement de l'homme éminent dont vous suivez de si loin les nobles traces.

A propos de la différence qui existait entre les dialectes sacré et vulgaire, vous ne manquez pas, selon votre coutume, de dire que vous croyez être le premier qui ait fait particulièrement ressortir les passages des anciens, relatifs aux deux langages égyptiens. Dès 1837, dites-vous, j'ai essayé de montrer le dialecte populaire dans l'inscription de Rosette. En vérité, monsieur le docteur, l'amour-propre fait dire quelquefois des choses bien étranges; les passages de Manethon et de Joseph étaient bien connus et avaient été cités de reste avant que vous ne fussiez au monde; avant ce temps aussi, Sylvestre de Sacy et Akerblad avaient reconnu le dialecte populaire dans le texte intermédiaire de l'inscription de Rosette. N'allez-vous pas essayer maintenant d'établir que c'est vous qui avez découvert que le second texte égyptien était en écriture démotique? Dieu merci, pas plus en 1844 qu'aujourd'hui, je n'ai eu la moindre envie de me parer de vos plumes. Il me serait donc loisible de qualifier la phrase suivante : « Il n'était pas difficile à M. de Saulcy, en 1844, en partant de ce point, le seul qui tienne dans sa critique, de combattre Dujardin. « Ceci revient à dire qu'il n'y a, dans cette critique si fort blâmée par vous, qu'un seul point qui obtienne grâce à vos yeux, c'est celui où je me trouve d'accord avec vous, parce qu'une fois, par hasard, des témoignages irrécusables fournis par Manethon et Joseph, vous ont forcé de raisonner juste.

« La page 361, dites-vous, nous donne un exemple frappant de la manière dont la grande précipitation et la violence peuvent nuire à la discussion. (Et c'est vous, monsieur le docteur, qui m'accusez de précipitation et de violence ! En vérité, vous me voyez une paille dans l'œil, mais vous ne distinguez pas la poutre qui vous obstrue la vue.) Une seule fois il donne raison à Dujardin. Celui-ci avait dit que les articles possessifs *pet*, *net*, *ensen* étaient entièrement étrangers à la langue copte. Là-dessus, M. de Saulcy dit : « Cette fois M. Dujardin a raison, etc. » Comme je ne puis jamais avoir raison, il faut bien que

M. Dujardin ait tort, et voici comment vous le démontrez : « La forme féminine T, au lieu de K, dites-vous, s'est à la vérité perdue dans le copte, mais elle se trouve dans le dialecte sacré. » Or, qu'a dit M. Dujardin? que *pet*, *net*, *ensen* n'étaient pas des pronoms possessifs coptes. Qu'ils soient hiéroglyphiques tant que vous voudrez, cela ne les rendra pas coptes. Toute la question est là : sont-ce des mots coptes, oui ou non? Vous dites vous-même non; de quoi donc alors vous plaignez-vous, et pourquoi cette monomanie de me trouver en faute, toujours en faute? Vous ne savez donc pas que qui veut trop prouver ne prouve rien?

J'ai commis une maladresse en ne consultant pas le tableau des articles possessifs. Je fais donc amende honorable sur ce point, sans la moindre hésitation, et je vous remercie, monsieur le docteur, de ce que vous m'avez mis à même de rétracter une erreur grave. Les pronoms *pet*, *net*, *ensen* sont dans le tableau des articles possessifs; ils y sont accompagnés de la désignation très-juste *Égypt*, par laquelle Champollion désigne que la forme n'est plus copte. Or, Dujardin a dit que ces formes étaient étrangères au copte, et il avait raison. J'ai dit, moi, que Dujardin avait raison d'affirmer ce point, et vous dites que j'ai tort. Voilà la chose réduite à sa plus simple expression. En d'autres termes, toutes les fois que je donne tort à Dujardin, celui-ci a raison; toutes les fois que je lui donne raison, c'est moi qui ai tort. Je le veux bien, pour ne pas vous désobliger; mais vous ne pouviez être dans le vrai sur ce point qu'en m'accusant d'avoir ignoré l'existence de ces pronoms égyptiens. A ce reproche d'ignorance que je méritais, devait se borner votre attaque à ce sujet. Vous n'avez donc pas été très-adroit en me tirant vous-même de ce mauvais pas, et je vous en remercie.

Vous voyez, monsieur le docteur, que je justifie pleinement une phrase que vous transcrivez et dont vous demandez le sens. J'ai dit : Comme, pendant vingt années de ma vie, j'ai été plongé dans le milieu mathématique, qui rend si exigeant pour les autres et pour soi-même, on ne s'étonnera pas de me voir apporter dans cette discussion une allure géométrique. Le sens qu'il faut attacher à cette phrase, le voici : toutes les fois que j'avance une chose, je crois en être sûr; si l'on me montre que je me trompe, je le reconnais sans hésitation (c'est ce que je viens de faire à l'instant même). Mais de ce que je suis toujours disposé à dire hautement : je me suis trompé, quand on veut bien me le faire comprendre, même impoliment, je me sens parfaitement en droit de demander aux autres du raisonnement et des preuves, au lieu d'assertions lancées au hasard, des faits positifs au lieu d'énonciations vagues et que l'on croit convaincantes, parce qu'elles sont tranchantes. D'ordinaire, je garde pour moi mes opinions sur autrui; aussi n'ai-je, dans ma vie, attaqué que deux hommes : Dujardin et Klaproth, l'un de mauvaise foi, l'autre aveuglé par la passion de l'envie. Vous avez, je ne sais en vérité pourquoi, jugé bon de me prendre corps à corps, et de me faire servir de quintaine pour vous entretenir la main à donner des coups de férule; ne vous en prenez donc qu'à vous seul de l'ennui que ma réponse pourra vous causer. A mon avis, une discussion donne toujours en spectacle ceux qui la soutiennent; cela peut être de votre goût; mais moi, qui méprise tout moyen tortueux de me mettre en évidence, je ne serai pas assez complaisant pour amuser plus longtemps la galerie à vos dépens et aux miens. Cherchez donc désormais un autre champion.

Je vous demande pardon, monsieur le docteur, de m'être laissé entraîner à vous dire quelques mots en dehors de notre discussion; j'y reviens donc bien vite.

Après l'article sur Dujardin, vient le tour de ma lettre à M. Letronne sur les proscynèmes démotiques, et je vais encore avoir quelques remarques à vous adresser à ce sujet.

Certes, une chose à laquelle j'étais bien loin de m'attendre, c'est l'idée un peu hasardée que vous mettez en avant comme une vérité incontestable, à savoir que les petites inscriptions démotiques que j'ai étudiées dans ce mémoire, n'ont entre elles un certain accord que parce qu'elles viennent toutes d'un même endroit, d'El-Hammâmat, sur la route de Cosseyr. Ceci me semble un peu hardi de votre part, et je ne sais trop comment y répondre sans vous offenser. Sur les estampages de trois de ces inscriptions, feu Nestor Lhôte avait écrit au crayon le mot Philes, et il faut un peu d'assurance, convenez-en, pour dire, implicitement il est vrai : Nestor Lhôte s'est trompé! et cela pour réserver à son attaque un misérable argument de plus.

Vous ajoutez : « Le nom du dieu auquel les proscynèmes s'adressent, le nom de Ptolémée, celui d'Arsinoë et les groupes déjà connus représentant les idées *Roi*, *Dieux*, *pour toujours*, sont les seules choses que M. de Saulcy ait réussi à déchiffrer dans ces inscriptions. Dans toutes les autres explications, on peut montrer sans difficulté ou les erreurs les plus péremptoires, ou une incapacité totale de démontrer les assertions les plus arbitraires; il n'a pas même réussi dans l'analyse des groupes cités et connus longtemps avant lui. » Il n'y a que vous au monde, monsieur le docteur, pour écrire de ces choses-là.

« Toutefois, dites-vous, il débute par détacher avec beaucoup d'exactitude des groupes qui se répètent dans ces petites inscriptions, et il faut, en général, reconnaître qu'il possède un certain talent mécanique, ou, comme il l'appelle, *mathématique*, pour le déchiffrement des inscriptions, ce qui n'est pas sans utilité dans cette affaire. Peut-être que ce talent l'aurait mis très en état de détacher les groupes de l'inscription de Rosette si ce travail ne lui avait pas été enlevé par le pénétrant mathématicien Young. Mais il lui manque une saine critique philologique; c'est pourquoi il s'étend avec complaisance sur les combinaisons arbitraires des formes verbales, dès qu'il veut passer de la partie mécanique du travail, à l'analyse et aux explications linguistiques. »

Je vous suis très-reconnaissant, monsieur le docteur, pour le talent mathématique que vous voulez bien me reconnaître; car c'est d'autant plus généreux à vous que je ne suis pas disposé à vous rendre la pareille. Quant au travail mécanique qui m'a été enlevé par Young, permettez-moi de vous rappeler ce que j'en ai dit, page 8 de ma lettre à M. Guigniaut; comme j'ai plus haut transcrit littéralement ce passage, vous pourrez y recourir, et vous y verrez que je crois n'avoir rien à regretter de ce que Young *m'a enlevé*.

Vous dites ensuite : « Comme les explications des inscriptions, à partir du n° 2, n'ont pas même l'apparence d'une enquête démonstrative, je me bornerai à quelques observations sur les recherches préliminaires et sur l'inscription n° 1 à laquelle M. Letronne attribuait une telle importance qu'il y rattachait des combinaisons historiques, et qu'il en a fait le sujet d'une lettre intéressante adressée à M. de Saulcy. »

D'abord, monsieur le docteur, je vous ferai observer que décidément vous ne prenez pas la peine de lire les mémoires que vous attaquez; car, si vous aviez su lire le mien, vous auriez vu que l'ensemble de ce que vous appelez mes recherches préliminaires, n'est autre chose que l'analyse complète de toutes les formules qui entrent dans tous les proscynèmes que j'ai examinés : toutes les variantes y sont étudiées, et si je me suis borné à donner de très-courtes notes sur chacun des proscynèmes placé à son numéro d'ordre, c'est que l'analyse en était déjà faite plus haut, et que je pouvais, que je devais même me dispenser d'y revenir. Votre phrase ne prouve donc qu'une seule chose : c'est que vous parlez de mon travail sans le connaître. Au reste, je suis heureux d'avoir à opposer à votre jugement celui de M. Letronne, qui, je le pense, a plus de poids que le vôtre.

En m'attaquant, vous aviez sans doute perdu de vue ce que ce savant a bien voulu m'écrire (*Revue Archéologique*, année 1845, p. 748 et 749) (1), car les compliments que vous m'adressez retombent droit sur lui-même, puisqu'il trouve mon travail bon : si vous êtes conséquent avec vous-même, vous devez penser qu'il n'a pas plus que moi une saine critique philologique. Heureusement, monsieur le docteur, votre opinion n'est pas sans appel. D'ailleurs, vous avez fait spontanément tout ce qu'il fallait pour démontrer la nullité des jugements que vous prononcez avec une assurance parfaite, pour me servir d'une expression qui vous est familière.

J'arrive à votre critique. Les mots ⲁϭⲓ ⲡⲣⲏϣ, équivalents certains du Προσκύνημα des inscriptions grecques, sont les premiers passés en revue par vous. Très-certainement je regarde ⲁϭⲓ comme l'impératif régulier de ϭⲓ ou ϫⲓ. De deux choses l'une : ou vous avez assez d'aplomb pour avancer une chose fausse, parce que vous espérez que pas un de vos lecteurs ne se trouve en état de la contrôler, ou vous ne savez pas comment se forme régulièrement l'impératif des verbes coptes. Ouvrez la première page du lexique de Peyron, ouvrez son excellente grammaire, et vous y verrez que ⲁ est la particule formative de l'impératif des verbes. Donc ϭⲓ signifiant prendre, fait à l'impératif

(1) Ce jugement de M. Letronne est trop flatteur pour que je ne m'empresse pas de le reproduire ici avec un juste orgueil.

« J'ai suivi avec soin l'analyse que vous avez donnée de chacun des éléments dont chacune de ces inscriptions se compose ; il m'a paru que cette analyse, conduite avec beaucoup de réserve et de finesse, a de quoi satisfaire un esprit raisonnable, et lui donner pleine confiance, au moins dans tout ce qui est essentiel. Les traductions qui résultent de l'application de votre méthode me paraissent claires, précises, et d'une teneur très-vraisemblable. En vous amenant à lire dans ces inscriptions démotiques le nom d'Ammon générateur, votre méthode vous a conduit justement à trouver le dieu qui doit sans nul doute y être désigné ; et cela sans que vous pussiez vous douter de ce que les inscriptions grecques que vous ne connaissiez pas, m'avaient appris depuis longtemps. Je souhaite, mon cher confrère, que ces résultats augmentent votre confiance dans l'instrument dont vous savez faire un tel usage, et qu'ils soutiennent votre persévérance dans la poursuite de ces recherches arides et difficiles où l'on a tant besoin d'être encouragé par la perspective d'une heureuse issue. »

Ces quelques phrases, M. le docteur, suffisent amplement pour compenser votre critique.

ⲁϭⲓ, tout comme ϫⲉ, signifiant parler, fait ⲁϫⲉ. Que dire alors de votre phrase ainsi conçue: « Mais il est dans l'erreur sur cette forme, et il a été trompé par l'impératif *irrégulier*, ⲁϫⲉ parle, de ϫⲉ, parler. » Quant au sens que je donne aux deux groupes ⲁϭⲓ ⲡⲣⲥ ou ⲁϭⲓ ⲡⲣϣ, je ne peux vous forcer de le trouver bon, et puisque vous le déclarez mauvais, c'est que sans doute vous en avez un meilleur pour votre usage; faites-nous-le donc connaître, monsieur le docteur; car, dans les questions scientifiques, il ne suffit pas de démolir, et il faut remplacer ce que l'on jette à terre; si l'on ne reconstruit rien, on s'expose à de justes reproches. Quant au signe qui est, à volonté, placé à la suite de ces deux groupes, et que vous avez représenté ainsi [signe] je vous ferai observer que sa forme, prise dans le proscynème n° 3, écrit avec plus de soin et en caractères d'une plus grande dimension que tous les autres, est la suivante [signe] ; je maintiens donc, sans le moindre scrupule, ce que j'en ai dit (page 741), et je répète ici qu'il n'est pas impossible que ce soit l'hiéroglyphe les deux bras élevés, déterminatif ordinaire des idées d'offrande et de prière, et des verbes relatifs à ces idées, qui se retrouve dans l'écriture démotique, parce qu'il était certainement connu de tous les Égyptiens sans exception, à cause du caractère essentiellement religieux de la nation. Puisque, d'après votre aveu, je déclare ce signe imprononçable, c'est, je le répète encore une fois, que l'opinion que vous me prêtez à chaque page, que chaque signe doit représenter une lettre, n'existe que dans votre imagination.

La phrase suivante est plus remarquable encore que tout le reste. « Enfin, il faut encore considérer qu'il y a, en général, peu de probabilité que les deux mots ⲁϭⲓ ⲡⲣϣ correspondent au grec Προσκύνημα, parce que je ne les ai retrouvés dans aucune des inscriptions démotiques commémoratives, tirées de divers endroits. Il paraîtrait que c'est une phrase dont quelque voyageur à Hammamât se sera servi, et que ses successeurs auront copiée après lui. » Cette explication bizarre ne vaut en vérité pas la peine que je m'y arrête. Je vous plains, monsieur le docteur, d'être forcé de recourir à de pareils moyens pour vous donner raison, et il me suffira d'avoir reproduit cette étrange hypothèse. Du reste, s'efforcer d'étayer un pareil raisonnement en disant qu'il peut en être de même pour les deux mots formulaires que pour le nom de la divinité locale, c'est, permettez-moi de vous le dire, prendre soi-même la peine de le réfuter.

Quant au groupe signifiant *à toujours* et que vous lisez *sa tetet* (p. 302), je serais bien aise de savoir où vous avez pris cette forme curieuse et comment vous l'expliquez. Mes lectures des variantes vous semblent mauvaises, mes explications plus mauvaises encore : il est possible qu'elles ne soient pas bonnes, car je ne me crois pas infaillible ; ayez donc encore une fois la charité de nous donner les vôtres, car, enfin, je ne puis admettre que vous vous contentiez perpétuellement de traduire, sans rien lire.

J'ai le malheur, moi, de vouloir toujours lire ce qui est écrit, et de voir un S où il y a un S. Pour vous, monsieur le docteur, c'est une autre affaire ; vous vous contentez de dire : « Ce groupe est si fréquent que les traits de quelques signes, et principalement des deux derniers, sont souvent tracés légèrement, de manière que celui qui ne connaît pas l'origine du groupe peut les prendre pour des signes très-divers. » Veuillez un peu réfléchir, monsieur le docteur, qu'il n'en coûtait pas plus à l'écrivain de tracer le signe ou < que le signe ; à quoi bon alors défigurer un signe de façon à le rendre tout semblable à un autre, et cela sans aucun avantage, sans aucune économie de temps ni de place ? Et d'ailleurs, parce que ce groupe se retrouve très-fréquemment dans les textes, il n'en est pas moins vrai qu'il ne se trouve qu'une seule fois dans chacun des proscynèmes en question, et qu'il n'y a pas l'ombre de raison pour admettre qu'il ait été plus négligemment tracé que les autres, et assez négligemment surtout pour qu'un T soit devenu un S sans inconvénient. Vous le voyez, monsieur le docteur, à force de vouloir trop prouver, vous finissez toujours par ne rien prouver du tout. Est-ce là ce que vous appelez de la critique et avez-vous le droit de me reprocher d'en manquer dans une phrase que je cite, afin que le public soit juge de l'aménité de vos conseils : « Mais ce n'est pas là l'exemple le plus frappant pour démontrer que M. de Saulcy manque de toute critique philologique, car c'est sa méthode ordinaire d'interprétation. »

Vous passez ensuite à la deuxième formule que j'ai analysée. Dans cette formule, le premier mot qui se présente est , dans lequel je vois les deux lettres T, F parce que ce sont bien un T et un F. Je l'ai suffisamment démontré dans mon analyse du texte démotique du décret de Rosette. Il est vrai que vous dites : « Il n'est pas démontré que le premier soit un T, et le second n'est pas un F. Les trois mots qu'il cite page 85 de son analyse de l'inscription de Rosette, pour la détermination du T, ont eux-mêmes besoin de démonstration. » A ceci je réponds que si la lecture de trois mots ne suffisait pas pour fixer la valeur d'un caractère, il y aurait beaucoup de signes hiéroglyphiques expliqués par vous, dont la valeur serait terriblement douteuse. Quant à la confusion que vous me reprochez de faire, monsieur le docteur, de deux signes distincts pour vous, et je n'hésite pas à la maintenir de toutes mes forces, quoi que vous en puissiez dire. Si n'est pas un ϥ, expliquez-nous alors la sigle de Ftah , et les deux groupes , ὃν Ἥφαιστος ἐδοκίμασεν. Mais pourquoi vous demander cela? n'est-il pas bien entendu que vous n'expliquez rien, absolument rien ; que tout cela est si clair, que vous ne sauriez vous abaisser à en donner l'explication? Bon pour moi de chercher à expliquer quelque chose.

Pour rendre compte du groupe en question, j'ai proposé de le comparer aux deux mots coptes ⲟⲩⲧⲡ et ⲧⲟϭ. Vous rejetez le premier, et vous arrivez malgré vous à laisser voir que vous préférez le dernier. Je ne suis pas difficile, moi ; va donc pour le dernier. Du reste, vous avez raison de rappeler que dans ma lettre à M. Guigniaut, j'avais traduit ce même groupe par : *accoutumé, ordinaire;* comme je n'ai jamais eu la prétention de fabriquer de toutes pièces, en une seule fois, tout un système de lecture de l'écriture démotique, je suis tout disposé à faire bon marché des interprétations données dans ce premier travail, et qu'une étude postérieure pourra me faire reconnaître pour fausses. J'ai assez de bonne foi pour n'avoir besoin que d'une chose pour proclamer tout haut mes erreurs, c'est de les apercevoir. Il serait à désirer que tout le monde en fît autant. Vous m'apprenez que « ce groupe est IDENTIQUE avec les groupes ou , ainsi que le démontrent avec certitude certaines variantes d'autres proscynèmes. » Quand vous les aurez publiés et expliqués, je verrai ce qu'il en faudra croire. Jusque-là je mets cette assertion à la suite de toutes les autres, et je me dispense d'en tenir compte.

Quant au groupe que j'assimile au copte ϣⲟⲩϣⲟⲩ, vous vous

contentez de dire : la première lettre n'est pas un ϣ, la deuxième n'est qu'un S, puis vous passez bien vite à autre chose. Encore une fois, monsieur le docteur, soyez donc plus expansif et donnez-nous vos lectures si ardemment désirées.

Quant au mot qui vient ensuite, et que j'ai assimilé au thébain , vous vous bornez à dire que je le lis avant le nom de la divinité, puis vous dépecez ce que j'en ai dit, de façon à mettre adroitement de côté la seule assimilation que j'aie prétendu fournir, savoir celle de notre mot avec le copte . C'est là votre méthode ordinaire d'arranger les choses; j'y suis fait maintenant, et je ne m'en émeus plus.

A propos du nom du dieu auquel sont adressés les proscynèmes en question, nom qui, quoi que vous en puissiez dire, sera toujours et pour tout le monde représenté par un S, vous avancez que généralement on ne rencontre pas dans l'écriture égyptienne d'abréviations phonétiques pures. Que sont alors les groupes , R, pour Ra et l'indice; , Dj, pour Djons ou Khons et l'indice; A, pour Amon et l'indice; , F, pour Ftah et l'indice? pour vous, des symboles, sans doute? Cette assertion vaudrait bien la peine d'être démontrée.

A propos de cette prétendue confusion de l'S du nom de notre divinité locale avec l'hiéroglyphe que vous déclarez rigoureusement exact, et toujours reproduit quand le signe est clairement représenté, il n'en est pas moins vrai que la forme démotique de ce caractère supérieur de la sigle divine en question, est , , , ou . Or, parmi ces caractères, les deux derniers sont incontestablement des S; donc les autres en sont aussi, y compris le signe hiéroglyphique retrouvé par vous. Néanmoins vous ajoutez tranquillement : « C'est sur de telles erreurs, qui sont la plupart palpables, que reposent généralement toutes ses explications, et par conséquent il ne sera plus nécessaire d'y revenir davantage. » Il ne suffirait pas, croyez-moi, de revenir aux erreurs palpables sur lesquelles sont assises toutes mes explications, il faudrait encore le faire quelques preuves à la main. Je sais bien qu'en vous poursuivant de cette perpétuelle demande de preuves de ce que vous avancez, je dois vous paraître bien importun, car vous n'êtes pas habitué à ce genre de contradiction; mais croyez-moi, faites-vous y bien vite; vous n'êtes pas encore au bout de vos peines.

Ainsi que vous l'avez annoncé, vous concentrez votre critique sur le n° 1. Je vais, à mon tour, examiner cette critique :

Le groupe représentant le mot année et qui est un groupe *non phonétique*, ainsi que je l'ai dit (p. 791, l. 13), diffère un peu du groupe ordinaire, dites-vous. Pourquoi cette remarque? le voici : pour donner à entendre, sans doute, que ce proscynème est mal copié. Eh! bien, monsieur le docteur, cela ne prouve absolument rien, car vous devriez savoir que ce groupe présente les variantes suivantes :

[signes démotiques]

celle qui se rencontre ici ne fait donc absolument rien à l'affaire. Vous dites ensuite : « M. de Saulcy lit 26; le signe pour 6 tel qu'il l'a donné n'est pas du tout un nombre. Dans l'original il existe dans la partie supérieure du signe une petite déflexion, d'où l'on pourrait conclure qu'on a voulu représenter un 8. »

Je sais parfaitement que le chiffre 26 devrait être écrit [signe] ; mais trouvant les signes superposés dans notre proscynème, j'ai pensé et je pense encore que le petit trait oblique manquant était suppléé par le trait oblique du chiffre 20, *sic* [signe] ; cela est extrêmement probable. Quant à votre petite déflexion, à l'aide de laquelle vous voulez faire un 8, elle se trouve dans l'original juste comme le singulier, le dieu, que vous avez vu d'abord à la place du pluriel, les dieux, vous vous rappelez en quel passage. D'ailleurs, monsieur le docteur, admettons qu'il y ait 28, vous savez probablement que ce chiffre 28 que vous voudriez introduire ici, s'écrit [signe], ou [signe]. Il n'y a donc pas possibilité pour le nombre 28; il y a probabilité pour le nombre 26, quoi que vous en puissiez dire.

Vous ajoutez : « Je ne douterais pas un instant que l'écrivain ait voulu dire : dans la 28e année du roi Ptolémée, fils de Ptolémée, s'il ne se présentait ici le cas extraordinaire que les deux noms sont privés de l'indice du cartouche royal et sont traités entièrement comme ceux de simples particuliers; et en outre, selon un usage général égyptien, le titre et le nom de la mère manqueraient difficilement. De ce qu'à Delphes on pouvait bien écrire βασιλεύοντος Πτολεμαίου τοῦ Πτολεμαίου βασιλέως, il n'est pas prouvé qu'il en était de même en Égypte et surtout en écriture égyptienne. Ici c'est quelque chose d'inouï, et il faut au moins conserver le doute et se demander si nous n'avons pas devant nous seulement le nom de l'écrivain, le nom du roi ayant été entièrement omis. Ce n'est pas une chose rare dans les écritures hiéroglyphiques, démotiques et grecques, de voir indiquées les années du règne sans le nom du roi. »

A tout ceci, monsieur le docteur, il y a quelques petites choses à dire. J'admets que l'exemple de l'inscription de Delphes, citée par M. Letronne, vous touche peu; alors je vous prierai d'ouvrir le recueil de protocoles de Young, page 33, et les deux premières lignes vous fourniront ni plus ni moins qu'un exemple bien net et bien précis de ce quelque chose d'inouï qui vous met si fort en émoi. Sur une stèle de Sakkara, Young a lu avec exactitude: l'an XXX, le 22 de Thot du roi Ptolémée, fils de Ptolémée le dieu (M. R. N.?) toujours vivant. Ici, vous le voyez, monsieur le docteur, pas de nom de la mère du roi régnant. Cette partie de votre argumentation tombe donc d'elle-même, et il reste prouvé, malgré votre avis, qu'en Égypte et en écriture égyptienne on pouvait écrire: sous le règne de Ptolémée fils du roi Ptolémée. Vous dites que ce n'est pas une chose rare dans les écritures hiéroglyphique, démotique et grecque de voir indiquées les années d'un règne sans le nom du roi. Je ne réponds à cette assertion qu'en ce qui concerne l'écriture démotique, et je vous demande humblement de me faire connaître un seul des exemples démotiques sur lesquels vous vous appuyez. Puisque ce n'est pas une chose rare, il doit vous être bien facile de produire ce que je vous demande. — Quant à l'absence du cartouche royal, je n'ai pas essayé de l'expliquer, et j'ai prudemment fait de me borner à la constater, puisque pour l'expliquer vous avez été conduit à imaginer de pareilles choses. Ne vous en déplaise donc, je maintiens purement et simplement ma lecture: l'an 26 du roi Ptolémée, fils de Ptolémée, lecture contre laquelle, je le crains fort, la vôtre ne prévaudra pas.

Quant à ma lecture TF, je la maintiens également, malgré vos assertions sur la teneur de l'original. Il est par trop commode de dire aux gens: Vous lisez de travers, votre estampage est mauvais, l'original donne tout autre chose, allez y voir. Merci! monsieur le docteur, je n'en ai pas la moindre envie; d'ailleurs, vous le savez de reste, j'ai peu de confiance dans vos observations de détail sur les textes originaux, depuis ce malheureux singulier que vous vouliez substituer à un pluriel si net (1); donc il y a toujours très-bien pour moi TF R. 3+1, c'est-à-dire : de Tobi le 4; mais dites tant que vous voudrez : Il n'y a là ni T ni F ni B, à vous permis. De ce que le nom ⲧⲱⲃⲉ n'a encore été retrouvé nulle part, écrit en toutes lettres dans une inscription égyptienne, il n'est pas permis de conclure qu'il ne s'y trouvera jamais. C'est aller un peu vite en besogne que de l'affirmer comme vous faites.

Les noms de mois, rien qu'à voir la composition de quelques-uns d'entre eux, sont d'une date antérieure au christianisme. Le peuple les prononçait donc, et un homme du peuple a très-bien pu pour abréger, écrire le nom Tobi, au lieu d'écrire un nom de tétraménie et un chiffre. Toutes les assertions contraires possibles ne me feront jamais rejeter *a priori*, comme absurde, la pensée qu'un nom de mois égyptien puisse se retrouver écrit en toutes lettres dans un texte égyptien démotique. Vous allez un peu vite en besogne encore, monsieur le docteur, quand vous dites que jamais un jour n'est désigné par le signe ◡ seul. Vous qui êtes si bien convaincu de la liaison intime des écritures hiéroglyphique et démotique, vous devez savoir que l'idée jour est souvent rendue dans les textes sacrés par ⊙ ou I⊙. Moi qui ne suis pas un partisan déterminé de cette liaison, j'admets que dans l'écriture démotique il en peut être de même; vous le niez, monsieur le docteur, et vous ne vous apercevez pas que vous cessez ainsi d'être conséquent avec vous-même. De plus, vous dites que *jour* se dit hiéroglyphiquement et en copte, et conséquemment en démotique *hur*, *hu*, ϩⲟⲟⲩ. Voulez-vous me dire où vous avez jamais trouvé le mot copte *hur?* cela m'instruira et me fera plaisir. Vous me demandez, à propos du chiffre 4 rendu par les deux chiffres 3 et 1 juxtaposés, où jamais j'ai rien vu de semblable. Je me fais un devoir de vous le dire : ouvrez le Dictionnaire de Young (page 1), et vous trouverez le chiffre 1 rendu par ʔ ou | , et le chiffre 4 par ፶ c'est-à-dire par une ligature de 3 et de 1. Je vous donne le bon exemple, monsieur le docteur, et je ne vous refuse rien de ce que vous me demandez; j'ai donc bien le droit d'insister de mon côté

(1) Au reste, ce n'est pas moi qui vous ai prié de constater quelques pages plus haut, dans une note, qu'il faut reconnaître dans les reproductions de ces proscynèmes le grand soin avec lequel tout est dessiné.

sur les prières que je vous adresse, à propos de preuves que vous ne donnez jamais, que vous ne promettez même pas toujours.

Vous passez ensuite au nom que j'ai lu Aridée, et vous mettez ma lecture à néant, nous allons voir comment. Ce nom précédé du mot roi, dont vous ne parlez pas parce qu'il vous gêne fort sans doute, est écrit ainsi :

« Le premier signe, dites-vous, n'est certainement pas un A, on s'en sert seulement comme d'un O ou d'un U, et comme tel il est fréquent dans le milieu et à la fin des mots ; tandis que la première lettre d'Aridéus s'écrit *certainement* comme la première lettre d'Arsinoë, nom qui suit immédiatement, et des autres noms grecs commençant par un A, comme Aëtos, Alexandros, Antimachos, Apollonios, Areïa, Autokrator. De même la seconde lettre *aurait été écrite* comme l'R ordinaire, comme le second signe dans Arsinoë, si ce nom était Aridéus. Notre troisième signe a *quelque ressemblance* avec l'R hiéroglyphique, la bouche, qui paraît souvent dans les noms démotiques. Le troisième signe est, sans *qu'on puisse* s'y tromper, un P, pas un T, auquel *on l'a rendu semblable* dans le dessin ; puis suit un I, et ensuite un U. Là se termine ce groupe, et toutefois le nom Aridéus devrait se terminer par un S, comme Ptolemaios, Alexandros, etc. Comment était-il donc possible de lire Aridéus dans U. PIU.? par là tombent à terre toutes les connaissances historiques que M. Letronne a élevées avec beaucoup de pénétration sur une telle base philologique. »

Heureusement, monsieur le docteur, vous ne savez pas si bien jeter à terre les choses avancées par autrui, qu'il soit difficile de les relever. Je vais vous en donner la preuve.

La première lettre, dites-vous, ne peut être qu'un O ou un U. Dites-nous alors pourquoi la sigle d'Amon commence par ce signe ; pourquoi le nom Pyrra, écrit , ne se prononce pas Pirru ou Pirro ; pourquoi le nom Areïa, écrit , ne se prononce pas Areïo ou Areïu ; pourquoi, enfin, le nom Bérénice, écrit , ne se prononce pas Béréniko ou Béréniku.

J'espère qu'il ne faudra pas plus de ces trois derniers exemples qui vous crevaient les yeux dans le décret démotique de Rosette que vous connaissez si bien, pour vous faire comprendre que vous êtes un peu loin de compte, lorsque vous vous dites parfaitement au courant de la valeur des signes démotiques. Rien qu'une assertion comme celle que vous osez émettre en disant que le premier signe de notre nom en question n'est CERTAINEMENT pas un A, vous interdit le droit de parler du démotique, jusqu'au jour où vous aurez un peu mieux regardé ce que c'est que cette écriture.

Revenons à notre nom *royal;* je dis encore une fois royal pour vous donner à penser que vous avez fait fausse route; la première lettre est certainement un A, monsieur le docteur, et il faut une assurance que vous seul avez au monde pour dire : ce nom aurait dû être écrit par telle lettre plutôt que par telle autre. Après avoir appliqué ce raisonnement incroyable à l'A initial, vous l'appliquez tout aussi cavalièrement à l'R *qui devrait* se trouver employé dans le nom Aridéus écrit en démotique, et vous dites aussitôt après : « Notre signe a quelque ressemblance avec l'R hiéroglyphique, la bouche, qui paraît souvent dans les noms démotiques! » La deuxième lettre du nom cherché est un R. D'ailleurs, pour ne pas vous laisser de doute sur ce point, reprenez encore Young, page 41, et vous y trouverez le nom Arsinoë écrit [illegible] et [illegible]. Une autre fois donc, vous ferez bien de ne plus dire que le signe / est l'R indispensable du nom Arsinoë; voilà qui est entendu. Le troisième signe, vous affirmez que c'est un P, j'affirme que c'est un T, en tout semblable à celui qui paraît sans cesse dans le papyrus 36 de Berlin, publié par Kosegarten; pour celui qui vient ensuite, nous sommes d'accord; il n'y a pas moyen cette fois de chicaner, c'est un I. Quant au dernier signe que vous lisez U pour ou sans doute, je le regarde, moi, comme imprononçable, vu qu'il n'est que l'indice ordinaire des noms propres. Cela est si vrai que le nom suivant Arsinoë écrit ARSNE, devrait, selon votre lecture, se prononcer ARSNEU puisqu'il est suivi de ce même signe imprononçable.

Résumons, monsieur le docteur; nous avons donc, je le répète, dans notre proscynème un nom écrit

ARTI. EN ARSNE.

et l'individu qui porte ce nom est un roi, puisque son nom est précédé du groupe roi dont vous vous gardez bien de parler. Je dis que c'est Aridée, vous dites que c'est U?PIU. Je ne demande pas mieux que vous découvriez quel est le roi, fils d'une Arsinoë, qui s'est appelé ⲟⲩⲡⲓⲱ. Quand vous l'aurez découvert, vous nous en ferez part, et je vous jure que cette découverte fera un très-grand honneur à votre pénétration; pour moi, je me fais un vrai plaisir de vous le dire, il y avait un peu d'exagération dans les phrases écrites par vous jusqu'ici, à propos de ma lecture de ce proscynème, et il n'y en avait pas la moindre dans la triste opinion que j'avais conçue à l'avance de votre attaque sur ce point.

Comme c'est une dernière réplique que je vous adresse aujourd'hui, je ne puis pas la tronquer et me dispenser de vous suivre jusqu'au bout, quelque envie que j'en puisse avoir. Poursuivons donc l'examen de votre critique de mes travaux.

Après cette appréciation curieuse de mon mémoire sur les proscynèmes démotiques, je trouve les phrases suivantes : « Mon intention n'est nullement de donner ici une *revue complète*, une appréciation des travaux de M. de Saulcy sur les choses égyptiennes; sans cela je devrais passer maintenant à son écrit le plus considérable, à la première partie de son analyse grammaticale du texte démotique du décret de Rosette, où 264 pages sont employées à l'explication des cinq premières lignes. On ne peut pas non plus méconnaître ici un certain talent mécanique, une certaine facilité de combinaisons et une richesse de moyens se moquant de tout embarras; mais il lui manque aussi toute critique philologique, le tact pour distinguer le possible de l'impossible, et ce qui est encore pis, une connaissance solide de la matière, ce qui enlève au lecteur toute satisfaction, toute confiance dans l'exposition. Mais ce qui embarrasse particulièrement sa route, c'est ce principe faux que tous les signes doivent être des lettres particulières, et que l'écriture est purement alphabétique. Comme la plupart des groupes contiennent un signe idéographique, et que beaucoup de mots ne sont représentés, comme dans l'écriture hiéroglyphique, par aucune lettre, mais par des images, devenues ensuite des signes conventionnels, naturellement M. de Saulcy doit avoir tantôt trop, tantôt trop peu de lettres. »

Je sais bien que 264 pages d'explication pour cinq lignes d'un texte démotique, doivent vous paraître une masse ridicule, à vous qui n'en donneriez pas une ligne pour 264 pages. En effet je n'ai pas encore le plaisir de connaître une seule ligne d'explication quelconque donnée par vous, monsieur le docteur. Pour moi qui cherche sans trouver, il faut bien que je tâtonne plus longuement que vous qui trouvez sans chercher; vous devriez donc être plus indulgent pour ma faiblesse.

Vous dites que je me moque de tout ce qui m'embarrasse; je vous ai, à bien des reprises déjà, démontré que cette habitude que vous me reprochez ne vous était pas complétement étrangère; témoin certain pluriel confisqué par vous, et certain A condamné sans rémission à devenir un O ou un U. Il y a certainement quelqu'un de nous deux à qui toute critique philologique fait défaut, quelqu'un qui ne sait ou ne veut pas discerner le faux du vrai, quelqu'un enfin qui n'a pas une connaissance bien solide des premiers éléments de cette étude; ce n'est ni vous ni moi, monsieur le docteur, qui pouvons nommer ce quelqu'un-là, le public lettré s'en chargera.

Voyons rapidement les objections que vous avez jugées dignes d'être mentionnées. Le cercle, dites-vous, je le lis R, partout, même à la suite du nom ⲕⲏⲙⲉ de l'Égypte. Selon vous ce cercle n'est que l'abréviation du déterminatif des noms de lieux, déterminatif que l'on croit être un plan de ville; admettons-le et il en résultera que le nom divin du soleil commence par un plan de ville puisque la sigle du nom Ra est , c'est-à-dire en réalité R, et l'indice des sigles divines, comme de tous les mots sur lesquels l'attention du lecteur doit être fixée. Il en résultera que la conjonction habituelle est terminée par un plan de ville, etc., et cent autres choses aussi probables, à moins que le même signe ne représente dix idées toutes différentes. Mais admettons aussi que toutes ces absurdités soient possibles, puisque je manque du tact qui discerne le possible de l'impossible: vous devez bien au moins, en échange de cette humble concession, m'expliquer pourquoi les trois seuls noms de ville compris dans le décret de Rosette, c'est-à-dire ceux de Memphis, d'Alexandrie et de Lycopolis, ne sont pas suivis de ce déterminatif si nécessaire. Jusqu'à ce que vous m'ayez démontré que cela est possible, je me retrancherai derrière mon manque de tact pour voir partout et toujours, dans ce prétendu plan de ville démotique, placé soit à l'intérieur, soit à la fin des mots, un R pur et simple. Je ne parle pas de la position initiale, vu qu'alors, ainsi que je crois l'avoir démontré, ce signe devient l'article singulier masculin, sauf précisément dans la sigle divine, Ra, sigle trop connue pour que le lecteur pût s'y méprendre.

Vous passez ensuite au K final que je prétends avoir reconnu à la suite de quelques mots, tels que ϫⲣⲟⲕ, *vaincre*, ⲧⲣⲉⲕ, *van-*

tour ou plutôt *milan*, ⲧⲉⲛⲕ, *aile*, etc. Vous déclarez l'existence de ces mots impossible, parce qu'en hiéroglyphes le mot vaincre, ϫⲣⲟ est suivi du déterminatif des verbes d'action, c'est-à-dire du bras armé que vous reconnaissez dans le K final du mot ϫⲣⲟⲕ retrouvé par moi. Je le veux bien; mais alors le nom de Cléopâtre commence par le signe le bras armé. Et pourquoi le bras armé après les mots vautour et aile? Il est vrai que vous ne les lisez pas ainsi; mais vous oubliez de nous dire comment vous les lisez. Au reste, cela importe peu, car votre mot hiéroglyphique [hiéroglyphes], *akr, okr,* où l'avez-vous trouvé avec le sens *vaincre*, ailleurs que dans le nom Neitocris, traduit par Eratosthène, probablement d'après sa consonnance, plutôt que d'après sa forme orthographique? Où, enfin, avez-vous trouvé ce groupe hiéroglyphique suivi du bras armé? et quant à l'idée vaincre, est-ce que réellement vous ignoreriez qu'elle est rendue par le groupe [hiéroglyphes] ΚΝΟ, *soumettre* (comme dans le décret de Rosette, par exemple)? Quant au mot ⲛⲟⲩⲣⲉ copte, c'est *vautour* qu'il signifie plutôt que *milan*, et vous oubliez sans doute que ⲧⲣⲉ en copte veut dire *milan*. Du reste, vous aviez une ressource pour vous tirer d'affaire et expliquer la présence de ce bras armé qui doit vous gêner fort après le nom d'un oiseau et celui de l'aile de cet oiseau, c'était tout simplement d'affirmer que cette fois le signe déjà destiné à représenter une lettre et un déterminatif (c'est-à-dire le K et le bras armé) était encore un oiseau déterminatif des noms de ces animaux, et déterminatif aussi de leurs membres. Je sais bien que de la sorte notre déterminatif ne déterminerait plus rien du tout; mais quand on sait l'égyptien comme vous, on ne lit plus, on devine, c'est plus vite fait et moins sujet à contestation. Je n'en dirai pas autant du nom que vous donnez au bâton ailé. Vous dites que ce bâton qui n'a rien à faire avec le groupe ἀθλοφόρος se nomme ϣⲱ comme le démontrent des variantes phonétiques. C'est une fois de plus aller bien vite en besogne. Ne perdez donc jamais de vue que vos éternelles assertions, éternellement dépourvues de preuves, sont très-fatigantes, et *enlèvent au lecteur toute satisfaction, toute confiance dans l'exposition.*

Poursuivons: « Au lieu de *souten* (copte ⲥⲟⲩⲧⲱⲛ, [sic!] *regere*) mot ordinaire pour *roi*, dites-vous, de Sauley lit, d'après un alphabet à lui particulier, MATOAR, et l'explique par ϨⲚ *dans*, ⲀϢⲞ *multitude*, ⲞⲨⲎⲢ, *grand : dans la multitude grand !* s'appuyant sans doute sur l'explication depuis longtemps reconnue comme fausse de Horapollon qui explique l'abeille par λαὸν πρὸς βασιλέα πειθήνιον ; car il cite encore ce passage dans son dernier mémoire (*Revue archéologique*, 1846, p. 291); s'il avait jeté un regard sur le groupe hiératique , (hiéroglyphique) pour *souten*, alors l'identité avec le groupe démotique, quelquefois très-légèrement tracé, lui aurait sauté aux yeux. Ce qu'il lit M est le cartouche du nom royal (Ici en note : Je remarque que ceci ne lui a pas échappé dans un autre endroit où il en parle en exprimant un doute); car il ne ressemble pas seulement au trait qui se trouve avec cette signification devant plusieurs autres noms royaux, mais il se trouve aussi devant d'autres titres royaux ou épithètes, comme Épiphane, Soter, et il a déjà des analyses en sa faveur dans l'hiératique. »

Je vais répondre catégoriquement à tout ceci.

Je lis le groupe démotique Roi, MATOAR, chef dans la multitude, parce qu'il y a MATOAR, d'après l'alphabet à moi particulier, alphabet qui, je l'espère, deviendra particulier à bien d'autres, quoi que vous puissiez faire pour l'empêcher. Vous vous êtes servi de la liste d'Ératosthène pour avoir le sens du nom Neitocris; reprenez donc cette liste, et vous y trouverez un roi appelé Ταῦρος, βασιλεύς. Ce mot Ταῦρος est bien voisin de mon MATOAR ; s'il est exactement copié, le fait que vous affirmez, et dont je doute encore, c'est à savoir l'existence en tête du groupe démotique *Roi*, d'un fragment isolé du cartouche démotique ordinaire, serait à peu près certaine. Mais il y a bien des raisons pour n'y pas croire sans plus ample informé, et ces raisons je vais vous les donner.

1° Jamais en écriture sacrée le groupe Roi n'est enveloppé du cartouche royal, pourquoi celui-ci paraîtrait-il dans le démotique? expliquez-le, vous qui êtes si chaud partisan de la liaison des deux écritures, vu que je ne saurais l'expliquer, moi qui ne crois pas cette liaison. — 2° Dans le texte du décret de Rosette, le cartouche est ainsi fait sans aucune exception |( ), pourquoi le scribe n'aurait-il écrit que le premier trait, lorsqu'il s'agit du mot *Roi?* 3° Dans ce même décret jamais le trait antérieur du cartouche n'est lié aux lettres qui le suivent et qui commencent le nom royal; toujours en revanche le premier trait du groupe Roi est lié aux suivants, ainsi [hieroglyph] ; — 4° Si l'emploi du cartouche, ou mieux du fragment de cartouche était adopté pour les titres Épiphane et Soter, pourquoi ne l'était-il pas pour d'autres titres tout aussi royaux tels que Évergète, Philopator, Adelphe, par exemple, titres dont vous vous gardez bien de parler. — 5° Vous citez des analyses hiératiques en faveur de votre opinion sur ce cartouche des titres royaux ; vous eussiez mieux fait d'en bien établir une seule que de parler vaguement de celles que vous connaissez.

Passons à un autre point, celui qui concerne le mot SOUTEN, lequel ne peut signifier roi, si on persiste à l'assimiler au copte ⲥⲟⲩⲧⲱⲛ. L'explication de l'abeille donnée par Horapollon est, dites-vous, depuis longtemps reconnue fausse. Reconnue fausse par vous, monsieur le docteur, c'est possible ; mais par les autres, un instant ! *Adhuc sub judice lis est.* On n'a jamais très-beau jeu à dire qu'un écrivain contemporain a tort, et qu'on a raison contre lui. Horapollon savait l'égyptien, cela paraît assez probable, convenez-en. Je crois même à ne vous rien cacher, qu'il le savait mieux que vous. Je suis fort exigeant, je l'ai dit souvent, en fait de preuves ; je vous avoue donc que je n'ai pu, quelque envie que j'en eusse, me tenir pour satisfait de la prétendue démonstration que vous avez donnée à l'appui de votre nouvelle interprétation du signe l'abeille. Ce passage d'Horapollon et celui de Plutarque sur la valeur du θρύον, ou jonc, me gênent fort, je le confesse, et tous deux doivent vous gêner autant que moi-même. Ne dites donc pas que l'explication d'Horapollon est depuis longtemps reconnue fausse ; car je ne sais pas s'il serait par trop difficile de démontrer que c'est la vôtre qui n'est pas juste.

Enfin l'identité que vous trouvez entre le groupe hiératique que vous lisez SOUTEN, et le groupe démotique que je lis MATOAH, ne me saute pas aux yeux, quelque attention que je mette à les comparer. Le lecteur sera peut-être mieux avisé que moi sur ce point : les voici donc tous les deux ; le groupe hiératique je le prends de vous avec confiance ; le groupe démotique je le prends sur la pierre de Rosette.

Hiératique : [hieroglyph] ; Démotique : [hieroglyph].

Je vous l'avoue, je ne serai jamais assez fin égyptologue pour saisir, comme vous le faites, des identités pareilles, rien qu'en jetant un regard sur les groupes qui vous présentent ces identités. C'est affaire à vous de voir bien et vite !

Vous ajoutez, monsieur le docteur : « Le groupe signifiant *soter*, que Young a déjà lu correctement ⲛⲟϩⲉⲙ, de Saulcy le lit conséquemment, mais incorrectement, ⲙⲛⲟϩⲉⲣⲉ, en prenant ⲣⲉ pour paragogique et ⲙⲁ pour l'impératif de ϯ, *dare*, d'où il tire *salutem dans*. De plus, nous trouvons déjà dans l'écriture hiéroglyphique le mot entier ⲛⲟϩⲉⲙ pour *soter*, mais sans rien des additions de de Saulcy. A leur place on trouve régulièrement, à la suite du mot ⲛⲟϩⲉⲙ, le bras armé comme déterminatif. Or, ce déterminatif paraît aussi dans l'inscription de Philes, comme après le mot ϫⲣⲟ. Mais il y tient ferme : « *L'existence des symboles ne doit être admise dans l'écriture démotique qu'en désespoir de cause.* » Ici il ne donne pas l'affixe comme perdue; il prend de nouveau la lettre la plus ressemblante, le K, et il lit tout résolûment, au lieu de ⲛⲟϩⲉⲙ, ⲙⲛϩⲙK; en déclarant cette fois que le groupe est terminé par la paragogique K, au lieu de la paragogique R. Est-ce là une explication? cela serait-il possible dans une langue quelconque? et cependant il nomme la langue égyptienne une langue mathématique et sévère; je ne sais ce qu'il entend par là! »

Commençons par la fin. Je ne m'étonne pas du tout de ce que vous ne comprenez pas ce que j'ai voulu dire; mais avec un peu de patience et d'efforts, vous le comprendrez peut-être, et j'attendrai que vous y soyez parvenu.

La question : est-ce là une explication? est fort piquante de votre part, convenez-en. Quelle soif subite d'explications vous prend donc, monsieur le docteur? Sans doute, c'est là une explication; elle n'est pas de votre goût, j'en suis désolé, mais je m'en étonne médiocrement; du reste, vous savez parfaitement que j'ai eu soin de dire (page 178), aux deux dernières lignes : « Que pouvons-nous conclure de la comparaison de toutes ces formes si diverses du même mot? que la lecture en est fort problématique. » Cela aurait dû vous calmer un peu. A la page suivante, j'ai dit aussi (ligne 16) : « L'R final est *peut-être* encore ici un R paragogique. » Et je termine ce qui est relatif à ce groupe par la phrase suivante : « On me permettra, j'espère, de conserver cette lecture même avec une certaine confiance, jusqu'à ce que l'on en ait proposé une meilleure qui rende plus simplement compte de l'addition de cette lettre M au mot qui signifie *la santé*, lorsque ce mot, en changeant de valeur, doit représenter l'idée : qui donne la santé, *salutifer*, Σωτήρ. »

Vous voyez, monsieur le docteur, que vous n'avez pas compris non plus que je n'affirmais rien avec *l'assurance parfaite* que vous voulez toujours me faire partager avec vous et qui vous sert d'explication habituelle. Veuillez, je vous en prie, remarquer une chose. Votre déterminatif le bras armé appliqué aux idées : santé, et : qui donne la santé, ne se retrouvant après *aucune* des quatorze variantes de ce mot données par moi à la page 178, ne vous semble-t-il pas qu'il soit un déterminatif bien peu utile, bien souvent négligé par les scribes puisqu'il ne se trouve que dans le décret de Philes? J'ai réellement dit, à la page 413 du 7e n° de la *Revue archéologique* de la 2e année: « Dans le décret de Rosette ce mot est de forme incertaine; mais cette fois il n'y a pas de doute à conserver, et le mot à traduire se lit ᴍɴʜᴍᴋ. C'est à la finale près le mot que nous a fourni le décret de Rosette et que j'ai traduit par *salutifer*, sauveur. Seulement cette fois il est terminé par la paragogique K au lieu de la paragogique R. » Admettons que je me trompe; il en résulte, une fois de plus, que le même signe est à volonté le bras armé déterminatif des idées vaincre et victoire, ou bien le déterminatif des oiseaux et de leurs ailes, ou bien le déterminatif des idées *santé* et *sauveur*, ou bien encore tout simplement la lettre K. Croyez-vous que je paraisse bien audacieux si, à mon tour, je vous demande : est-ce là une explication? A ce compte, je ne crains pas de le dire, dans l'écriture démotique l'emploi des déterminatifs eût été merveilleusement propre à embrouiller le lecteur, et à lui faire commettre de perpétuelles bévues. Admettons enfin que toutes les variantes que je vous ai soumises, monsieur le docteur, représentent un seul et même mot, formé d'éléments constitutifs identiques; ce mot, grâce à vous, devient accompagné indifféremment du déterminatif un plan de ville, ou du déterminatif le bras armé. Puisque vous avez reconnu ce plan de ville à la suite du mot ⲔⲎⲰⲈ, que je lisais si imprudemment ⲔⲎⲰⲈⲢ, vous eussiez bien dû nous expliquer pourquoi ce plan de ville se retrouvait dans le décret de Rosette après le mot *santé*. Mais est-ce que vous auriez pour habitude de ne citer que les exemples qui vous donnent l'air d'avoir à moitié raison, en passant bravement l'éponge sur tous ceux qui vous donnent tort? Ce serait commode, mais peu prudent, et je vous engagerais de toutes mes forces à renoncer à ce moyen d'étayer votre *connaissance exacte de la chose*. Du reste, vous n'avez pas tort sur tous les points avancés par vous dans ce petit paragraphe; vous dites que je tiens ferme à mon idée que l'existence des symboles ne doit être admise dans l'écriture démotique qu'en désespoir de cause. C'est l'exacte et pure vérité. J'y tiens d'autant plus ferme que vous me montrez trop bien ce que l'on gagne à y chercher trente ou vingt-quatre, ou vingt symboles sur cent signes, suivant les goûts, comme vous le dites plus haut.

Poursuivons. C'est ensuite mon explication du groupe démotique signifiant : éprouvé par Phtah, et que vous lisez *Setep* (*en*) *Ptah*, en admettant que ce mot ⲤⲈⲦⲈⲠ est copte et qu'il signifie *eligere*, que vous examinez. Or ce groupe est écrit sur la pierre de Rosette:

[démotique]

vous pouvez l'y chercher, et vous serez convaincu, monsieur le docteur, que je le copie exactement. Pour vous le premier signe droit est un S, le signe oblique seul [signe] est un Fei copte; car vous dites : « Le premier signe, qui est, au reste, presque entièrement semblable en hiératique, de Saulcy le confond de nouveau avec l'F placé obliquement, et toutefois il aurait pu déjà apprendre la signification S de ce signe dans Young, qui a trouvé deux fois le mot grec Σωτήρ commençant par ce signe; à la vérité, il était précédé du crochet que de Saulcy lit M, et il aurait lu ⲘⲤⲞⲦⲢ comme il lit ⲘⲚⲎⲘⲔ, ⲘⲀⲦⲞⲀⲢ, etc. Le signe final, qui prend déjà dans l'hiératique la forme d'un S, quoiqu'il provienne d'un signe tout différent, de Saulcy le prend encore pour un F. Ainsi, au lieu du mot connu *Setep* qui concorde aussi bien avec l'hiéroglyphique qu'avec le copte et la traduction grecque, et même avec l'explication du signe matériel, si l'on établit comme il convient une comparaison avec la forme hiératique solidement établie, de Saulcy lit un mot FTPF et il explique cette alliance de lettres en les décomposant dans les mots coptes ϤⲒ *sumere, auferre*, ⲦⲈⲠ, ⲦⲠⲒ, *gustus*, et Ϥ pronom de la troisième personne. Puis il conclut de rechef que ϬⲒ et ϤⲒ ayant exactement le même sens *sumere*, *ferre*, etc., il ne saurait demeurer un seul instant douteux que ϤⲒⲦⲠⲒ est un équivalent forcé de ϬⲒⲦⲠⲒ (*gustare*) et que le sens rigoureux du mot égyptien ϤⲦⲠ était *goûter, déguster*. De là à *éprou-*

ver, à *essayer*, dit-il, il y a certainement bien près. La traduction littérale de FTPF est donc *a goûté lui, a pris le goût de lui*, pour *a éprouvé, a essayé lui*. Il faudrait être plus qu'exigeant pour ne pas se contenter de cette traduction égyptienne du grec ἐν ἐδοκίμασεν. C'est une pareille philologie que de Saulcy regarde non-seulement comme permise, mais comme digne d'éloge, et il croit avoir rendu quelque service! »

Tout beau, monsieur le docteur. Examinons un peu ceci, et vous ne crierez victoire qu'après.

Vous lisez le groupe [signe démotique], *setep*. Champollion aussi le lisait à peu près ainsi, mais pour cela faire il lui fallait supposer une altération du premier signe : ceci, je l'ai montré déjà dans le passage de mon travail relatif à ce groupe. Vous ajoutez que ⲤⲈⲦⲈⲠ est copte. Je connais bien ⲤⲰⲦⲠ, ⲤⲞⲦⲠ ou ⲤⲈⲦⲠ, *eligere*, lequel n'est probablement que le transitif formé du radical [signe hiéroglyphique], ⲰⲦⲠ, et de l'S préfixe; mais je ne connais pas ⲤⲈⲦⲈⲠ. Comme mon savant maître et ami A. Peyron ne le connaît pas non plus, je me console de mon ignorance.

J'avais parfaitement examiné les deux exemples cités par vous d'après Young (page 96); mais comme ils sont fort obscurs et fort incertains, je me serais bien gardé d'en tirer pour le signe en question la valeur S que vous lui attribuez. Les voici, ces deux exemples :

[groupe démotique]

[groupe démotique]

Le premier signe que vous assimilez à l'M préfixe des groupes *roi* et *sauveur*, n'y ressemble pas le moins du monde. C'est sans doute pour me faire honneur d'une erreur de plus que vous adoptez cette similitude. Votre prétendue transcription du grec Σωτήρ comporte un groupe final de trois signes dont vous oubliez de parler. Tout bien considéré donc, vous me permettrez de persister à regarder ce mot démotique comme ne donnant pas le moins du monde la transcription pure et simple du mot grec Σωτήρ.

Quant au signe final du groupe [groupe démotique] que je lis encore F, j'ai cette fois la satisfaction d'être d'accord avec Champollion contre vous. Car il lisait (Grammaire, page 357) (ϩϥ- ⲤⲦⲠ-ϥ) : *a éprouvé lui*. Il y a plus, monsieur le docteur : prenez, je vous prie, la page 91, ligne 3, de Young, et vous y verrez que pour lui le mot [illegible] est classé parmi les mots qui commencent par un équivalent des lettres ⲡ et ϥ. Prenez la page suivante, 92, vous y verrez que pour lui, tout comme pour moi, les deux signes que vous distinguez par l'inclinaison de l'un des deux, sont *quid unum et idem*, et tous deux des ϥ. Vous trouverez de plus, à la même page, que la sigle divine de Phtah commence par un ϥ. Je suis donc en compagnie de Young et de Champollion contre vous, monsieur le docteur, et je vous avoue que je m'en réjouis, bien que sans leur appui je me fusse également tiré d'affaire. Vous allez voir comment. De quelque manière que vous vous y preniez, vous ne parviendrez pas à faire que la pierre de Rosette ne porte pas très-nettement les groupes [illegible]. Or, si le premier signe est un S, le quatrième en est un autre, et le cinquième aussi. Nous avons alors les mots STPS S. Il est vrai que je crois démêler dans votre paragraphe que le signe qui suit le mot STP est un déterminatif. Lequel, s'il vous plaît? Vous serez bien assez obligeant pour nous le dire. Je l'admets un instant pour vous faire plaisir. Qu'en résulte-t-il? que dans un groupe démotique composé de six lettres seulement, et où la même lettre se reproduit exactement trois fois, la première fois elle se lit S, la seconde elle ne se lit pas, et la troisième elle se lit F. Vous me permettrez de n'en rien croire. A mon tour donc je vous dis sans façon : Et c'est une pareille analyse philologique que vous croyez permise et digne d'éloges! et vous vous figurez que vous avez rendu quelque service à la science en l'employant! J'ai peur que vous ne vous fassiez illusion, monsieur le docteur.

Nous ne sommes pas encore au bout des coups de massue qui devaient si bien abattre mon pauvre travail. Ce n'est pas ma faute si vous avez écrit sous l'empire de je ne sais quel sentiment qui vous a fermé les yeux et l'intelligence. Mais comme je tiens à vous le bien prouver, une fois pour toutes, je vous suivrai pied à pied jusqu'à la fin. Je poursuis donc la traduction de votre mémoire :

« De Saulcy donne encore un exemple plus éclatant de son don combinatoire aux pages 133, 134, où il veut établir comment la partie antérieure du groupe Philopator qu'il lit REF (quoiqu'on ne puisse y montrer ni R, ni F) signifie *aimant.*» Vous donnez ensuite une série d'exemples pour expliquer le jeu bien connu de la particule copte ⲣⲉϥ, qui transforme les verbes d'action en noms d'agents, ce qui est plus vrai et plus précis que votre assertion, qu'en copte cette particule prépositive sert à former des substantifs. Vous continuez : « Partant de là, de Saulcy donne l'analyse suivante du groupe Philopator qu'il lit : REF-RTO. » Ici, monsieur le docteur, vous transcrivez fidèlement la série de raisonnements par lesquels j'ai passé pour établir que la particule copte REF, peut et doit signifier quelquefois *celui qui aime*, au lieu de *celui qui fait*. Je me dispense de reproduire ce passage qui se trouve aux pages 133 et 134 de mon livre sur le décret démotique de Rosette. Voici maintenant vos raisonnements à vous.

« Mais dans l'écriture hiéroglyphique, aimer se dit sans exception *mi*, *mai*, *meri*, et de même en copte ⲙⲉ, ⲙⲁⲓ, ⲙⲉⲣⲉ, et par synthèse *Mi-amen*, en grec Μιάμμων, *chérissant Ammon* : *Mi-mout*, *Philometor*; *Misen*, *Philadelphe*, et de même en copte ⲙⲁⲓ-ⲥⲟⲛ, *Philadelphe*, ⲙⲁⲓ-ϣⲏⲣⲓ, *aimant son fils*, ⲙⲁⲓⲣⲱⲙⲉ, *aimant les hommes;* ⲙⲁⲓⲛⲟⲩⲧⲉ, *aimant Dieu*, etc. Est-il concevable que dans des points où la langue hiéroglyphique et la langue copte ne divergent pas, le démotique emploie une forme tout à fait étrangère, qu'on ne peut retrouver dans l'hiéroglyphique, qui n'a pas, dans le copte, la signification cherchée et qui n'est pas construite, selon la règle, avec des substantifs? N'est-il pas plus convenable d'admettre que les signes supposés être des R ou des F ont été déduits du groupe hiératique employé pour ⲙⲁⲓ ?

Voyons à quoi tout ce paragraphe vous conduit nécessairement, monsieur le docteur; d'abord vous dites que dans les groupes

il n'y a ni R, ni F. Pour être conséquent avec vous-même, il faut que le signe ϥ soit un s ou un déterminatif, tel que celui qui suit le mot ϩϥ. Vous ne pouvez échapper à cette conséquence qui est rigoureuse, mathématique, si vous aimez mieux.

Je sais tout aussi bien que vous qu'en langage hiéroglyphique, aimer se dit ⲙⲉ ou ⲙⲉⲣⲉ, comme en copte. Mais, permettez-moi de vous le dire, cela ne prouve rien du tout pour le démotique, puisque vous avez, à ce que vous dites, reconnu le *premier* le dialecte vulgaire dans le texte intermédiaire du décret de Rosette, et établi l'existence de deux dialectes distincts, sacré et vulgaire. L'emploi exclusif du radical ⲙⲉ dans le premier dialecte ne prouve rien en ce qui concerne le second, à moins que vous ne prétendiez démontrer de plus que deux dialectes parfaitement distincts à votre avis doivent être néanmoins identiques. Je vous en avertis, vous aurez de la peine à démontrer cela.

De ce que le dialecte hiéroglyphique et le copte ont conservé le même radical, et des composés analogues de ce radical, il ne résulte pas le moins du monde qu'il soit inconcevable, comme vous l'affirmez, que le dialecte vulgaire, représenté par l'écriture démotique, ait employé un autre radical pour exprimer la même idée. ⲣⲉϥ, dites-vous, n'a pas, dans le copte, la signification cherchée. Je crois avoir fait entrevoir le contraire; quant à ce que cette forme étrangère n'est pas, selon la règle, construite avec des substantifs, je vous avoue que je m'inquiète peu de ce qu'une règle moderne n'est pas observée cinq cents ans avant l'existence de la langue dans laquelle elle se trouve établie. De plus, parmi les exemples que vous citez pour faire connaître le jeu de la préformative ⲣⲉϥ, il y a toujours le mot ⲣⲉϥⲙⲓⲥⲓ, signifiant *père de famille*, que vous ne me déciderez jamais à traduire par *celui qui fait des enfants*. Enfin je présume que vous avez assez l'habitude de la grammaire copte pour savoir que les radicaux servent tout aussi bien aux substantifs qu'aux verbes, et que sans l'emploi des particules déterminatives on n'a pas le droit de dire que tel radical est un verbe et non un substantif, vu qu'il n'est pas l'un plus que l'autre.

Vous finissez par dire qu'il est plus convenable d'admettre que les signes supposés être des R ou des F ont été déduits d'un groupe hiératique se lisant ⲙⲁⲓ. Il ne suffisait pas de jeter cette hypothèse en avant, sans vous donner la peine de l'appuyer sur quelque chose. Veuillez donc démontrer avant tout qu'un mot finissant par un S, car il ne vous est pas permis de lire autrement le caractère final, si vous voulez le prononcer, puisse se lire ⲙⲁⲓ. Je mets de côté le signe intermédiaire qui est une voyelle, puisqu'il se supprime à volonté; reste alors la forme pure , telle qu'elle se trouve dans le décret de Rosette, et dont pour vous la dernière lettre est un S; dites-nous ce qu'est la première, et lisez ensuite ⲙⲁⲓ, ou ⲙⲏⲣⲉ, si vous pouvez. Tout simplement et sans y mettre tant de façons, je vous en défie, et je vous défie également de retrouver un groupe hiératique se lisant ⲙⲁⲓ, qui ait pu engendrer le groupe démotique .

Vous dites ensuite, monsieur le docteur: « Il ne sera pas nécessaire de suivre l'auteur plus loin dans son analyse et de montrer comment il lui est possible de lire et de traduire par *étant* le signe si connu, hiératique , démotique , se prononçant hiéroglyphiquement et en copte *anch*, ⲁⲛϧ (sic) et signifiant *vivant*.

J'ai lu , ⲱ, parce que c'est un ⲱ copte, et que ⲱ, ⲟⲓ, signifie *être;* que de plus, dans le décret de Rosette, la vie se dit , ⲁϩⲉ comme en copte, et que dans certains textes démotiques, comme dans le papyrus A de Grey, et l'inscription de Philes, par exemple, le mot *toujours vivant* est rendu par ⲡⲁϩⲉ ϫⲉⲧⲉ, *le vivant toujours*. Or, entre les deux groupes formés de et de , il y a bien quelques différences, dont ma lecture peut seule rendre compte, et que votre explication, sans lecture, passe prudemment sous silence.

Vous ajoutez: « Il ne sera pas nécessaire non plus de montrer comment il parvient à épeler le groupe nom de la ville de Memphis (en hiéroglyphe *Men-nefr*, en copte ⲙⲉⲛϥⲓ, ⲙⲉⲙϥⲓ), à en déduire ϣⲁϫⲣⲟⲓ, et comment il regrette de ne pouvoir ramener ce nom au mot ϫⲣⲟ, *victoire*, parce qu'en démotique, ce dernier mot se trouve écrit ϫⲣⲟⲕ; car alors cela voudrait dire: *accoutumé à la victoire*, comme en arabe, *el Mansourah*. (Pourquoi pas *el Qahirah*, c'est-à-dire le Caire, ou la riche en victoires)? »

Tout cela est très-joli, monsieur le docteur, mais la plaisanterie n'est pas adroite, quand on n'est pas plus sûr que vous ne l'êtes de mettre les rieurs de son côté. Vous allez le voir. La forme démotique du nom de Memphis, vous vous êtes bien gardé, et pour cause, de la reproduire, mais je vais le faire pour vous. Elle est la suivante :

et Young, page 91, lit ce mot ⲛⲁⲛⲟⲩϥ

J'attends de votre obligeance que vous nous disiez : 1° comment vous le lisez vous-même, 2° et ce qu'est devenu ici le symbole le *plan de ville*, déterminatif obligé du nom de l'Égypte, mais déterminatif inutile, apparemment, lorsqu'il ne s'agit plus d'un pays, mais précisément d'une ville.

Vous auriez dû ajouter, monsieur le docteur, pour rester dans les limites qu'impose la bonne foi la plus vulgaire, qu'à la p. 261, l. 3, je dis : « Ceci posé, nous avons pour le nom de Memphis un groupe ϣϫⲣⲟⲓ *que je ne me charge pas d'expliquer.* » Vous y reconnaissez un des mots ⲙⲉⲛⲛⲉϥⲣ, ⲙⲉⲛϥⲓ, ou ⲙⲉⲙϥⲓ, souffrez donc que je vous charge, vous, d'expliquer l'adroite analyse à l'aide de laquelle vous parvenez à cette lecture, en éludant la petite difficulté qu'implique l'absence du déterminatif des noms de lieux, dont la présence est si nécessaire, à votre avis.

Voilà, monsieur le docteur, à quoi se réduit votre triomphante critique de mon analyse du décret démotique de Rosette. Je ne puis trop vous remercier de l'avoir entreprise; car, connaissant votre extrême bienveillance à mon égard, je puis être assuré que vous avez réuni tout ce que vous avez trouvé de plus fort à opposer à mon système de lecture, afin de le réduire à néant. J'en conclus que le reste vous a paru moins aisément attaquable; et comme je vous ai bien montré ce que valent vos attaques, je tiens votre critique pour l'éloge le plus complet de mon travail; je suis heureux, je vous le jure, de ce que vous avez pris vous-même la peine de me rendre un pareil service.

Après tout ce que je viens de répondre à vos solides attaques, monsieur le docteur, il est en vérité divertissant pour moi, comme il le sera pour mes lecteurs, je n'en doute pas, de vous voir continuer ainsi que vous le faites. Je vous copie, et sans commentaires, car je prétends bien encore vous donner une dure leçon en me bornant à cela.

« Nous pouvons maintenant parler, en peu de mots, du dernier travail de de Saulcy, sur la matière égyptienne, parvenu à ma connaissance sous le titre *Examen des écrits de Klaproth....* (*Rev. arch.*, 1846). Une défense de Champollion contre Klaproth est, en 1846, un vrai anachronisme. Le seul qui pourrait savoir gré à de Saulcy d'avoir ressuscité ce scandale, c'est Klaproth lui-même, s'il vivait encore. Au fond, l'article contre Dujardin était aussi superflu, et les deux critiques n'auraient eu quelque valeur que si elles eussent donné lieu à de Saulcy de produire quelques vues nouvelles, satisfaisantes; mais cela n'est pas. Les attaques de Klaproth contre Champollion sont, pour la plus grande partie, de mauvaise foi; cela est généralement connu de tous ceux qui s'en sont occupés. Mais, abstraction faite de l'intention blâmable qui sert de fondement à l'écrit de Klaproth, on ne peut disconvenir que sa manière de discuter et de défendre scientifiquement ses opinions montre plus de pénétration, une habileté plus prudente qu'on n'en rencontre chez son adversaire actuel. Au total, il y a peu de chose à apprendre dans ce dernier travail de de Saulcy. Dans le petit nombre de groupes hiéroglyphiques dont il parle, il justifie Champollion contre Klaproth, d'après Salvolini; mais il adopte aussi les erreurs de celui-ci parce qu'il n'en connaît pas les réfutations; par exemple, page 29, l'explication de l'*abeille* donnée par Horapollon, d'après laquelle il traduit le groupe connu  « Roi du peuple obéissant, » quoique on ait déjà objecté depuis longtemps contre cela que le pluriel s'écrit  ; d'où il résulte que l'abeille ne désigne pas le *peuple*, mais aussi le roi (comme le dit très-bien Ammien Marcellin), et particulièrement le roi de la basse Égypte, comme  désigne le roi de la haute Égypte (1). De tout l'article il résulte que de Saulcy s'est encore très-peu occupé d'hiéroglyphes; na-

(1) Pourquoi, monsieur le docteur, dire ici : on a objecté? le *on*, c'est vous, et vous n'avez pas été heureux en le faisant; car, avec votre traduction, roi de la basse Égypte, vous êtes parfaitement à côté de la vérité, ne vous en déplaise. On vous démontrera cela plus tard.

turellement cela n'est point un *reproche*; toutefois il est à désirer, et particulièrement en France, berceau de cette science, il est à désirer que de jeunes savants (1) abordent enfin cette moisson si mûre, si abordante, et qu'ils se rendent familiers les brillants résultats de Champollion, afin de continuer d'une manière digne les travaux du fondateur. Mais cela devient un *reproche* lorsque de Saulcy croit pouvoir se poser comme une *autorité* dans une science, avant d'en avoir passé le seuil, quand il prétend enseigner avant d'avoir appris. Cette branche de la philologie et de l'archéologie scientifique n'est pas plus difficile qu'une autre, mais elle n'est pas non plus facilement accessible. Celui qui veut se vouer à l'étude des inscriptions démotiques doit être muni nécessairement de la connaissance des résultats hiéroglyphiques et hiératiques obtenus jusqu'ici, et de la connaissance du copte; car, voici l'état des choses, comme Champollion l'a reconnu depuis, contrairement à ses premières convictions : le système d'écriture démotique est essentiellement le même que le système hiéroglyphique, savoir un mélange de signes idéographiques et phonétiques, si ce n'est que les éléments idéographiques ont diminué relativement aux phonétiques; d'après des transformations, en partie difficilement et en partie facilement reconnaissables, comme il arrive dans toutes les écritures cursives, les signes ont été déduits de l'hiératique, comme celui-ci de l'hiéroglyphique. La langue des textes démotiques est la langue populaire du temps, et par suite elle diffère beaucoup de la langue sacrée; mais elle se rapproche d'autant plus du copte, que celui-ci représente aussi la langue populaire, postérieure de quelques siècles. Ces rapports entre les divers dialectes égyptiens n'ont pas été parfaitement saisis par Champollion; c'est ce qui a amené des obstacles dans le déchiffrement *et surtout dans la représentation démonstrative*. Une autre imperfection essentielle de sa manière de concevoir et d'exposer le système hiéroglyphique consiste dans la confusion des *signes phonétiques, généraux* et *conditionnels*, dont la stricte séparation est, à ce qu'il me paraît, une condition indispensable de tout progrès. J'ai essayé de montrer et de fonder *cette séparation* pour les hiéroglyphes, dans une *Lettre sur l'alphabet hiéroglyphique* et j'y ai traité et fait valoir, dans toute son importance, la diversité des dialectes sur les monuments égyptiens. De même

(1) Le mot *jeunes savants* est charmant dans votre bouche, M. Lepsius; seulement vous oubliez que j'ai quelque chose comme dix ans de plus que vous. C'est un triste avantage que celui qui me donne le droit de vous regarder comme bien jeune, et comme ayant besoin de mûrir vos idées et votre caractère.

dans l'écriture démotique, il faut avant tout éliminer *l'alphabet phonétique général*; alors, pour les autres signes, il faut, comme pour les hiéroglyphes, déterminer la classe à laquelle ils appartiennent. Ce n'est que sur cette voie qu'on peut espérer de bons résultats. Jusqu'ici c'est Leemans qui a établi le plus correctement *l'alphabet phonétique général*, d'après le papyrus de Leyde, dans les *Monuments égyptiens* du musée d'antiquités des Pays-Bas. Tab. 8.

« On peut les réduire au tableau suivant, etc., etc. »

(Voyez page 317 la reproduction de l'alphabet construit par Leemans à l'aide des transcriptions grecques des mots extraits du manuscrit en question. Remarquez que ces mots ne sont presque jamais que des mots formulaires de magie, dans le genre d'*abracadabra*, et que cet alphabet, fort estimable sans doute, ne fournit pas la lecture d'un seul mot du texte courant; celui-ci est donc tout entier symbolique, monsieur le docteur? Quant à vos correspondances des signes hiéroglyphiques, hiératiques et démotiques, il y en a quelques-unes qui sont bien curieuses, celle surtout, qui de la djiandja, fait l'équivalent du théorbe. Je me borne à citer celle-là, car elle me paraît extrêmement ingénieuse.)

« Dans la grande simplification de tant de signes idéographiques, il était naturel qu'un grand nombre d'entre eux devinssent *semblables* les uns aux autres, soit que l'écrivain prît plus d'attention à bien les séparer, soit qu'il s'en rapportât plus à la sagacité du lecteur, qui pouvait trouver le vrai sens d'après l'ensemble. Combien nos propres manuscrits ne donnent-ils pas à deviner par la négligence de bien séparer les lettres semblables, et quel sens se présenterait souvent au lecteur, s'il voulait procéder à l'analyse de telles écritures selon la manière de M. de Saulcy? »

« En général, on ne tombe jamais dans des erreurs plus opiniâtres que par cette méthode mécanique, ou, comme s'exprime M. de Saulcy, par cette méthode mathématique qui prend ses principes *a priori* et s'y tient avec opiniâtreté, malgré tous les avertissements donnés par les conséquences. Certes, il serait plus commode de pouvoir diriger la critique d'après des formules mathématiques, mais la science vivante se moque de tels ressorts, avec lesquels on prétendrait la mettre en mouvement. Les règles de la critique doivent être tirées de l'expérience et être constatées par l'application. Mais de quelle expérience M. de Saulcy a-t-il tiré la règle fondamentale de sa méthode de déchiffrement, savoir que dans une langue populaire on ne devait pas chercher de symboles, mais seulement des signes alphabétiques?

comment est-ce qu'il n'a pas pensé à l'écriture chinoise et à l'écriture des mathématiciens, encore aujourd'hui usitée, et par lui-même, je veux parler des chiffres? est-ce que chaque équation n'est pas une phrase écrite idéographiquement? Est-ce que les tables de logarithmes ne sont pas des livres écrits idéographiquement? L'expérience n'a donc rien à démêler avec la formule fondamentale qu'il établit, et elle se justifie aussi peu, comme nous l'avons vu dans l'application. »

(Quelle singulière aberration de votre part, monsieur le docteur! Pour prouver qu'une écriture vulgaire peut être idéographique, vous vous appuyez sur l'emploi de l'écriture chinoise, sur celui de l'écriture algébrique et sur celui des logarithmes! mais où avez-vous vu que l'algèbre et les logarithmes soient choses si vulgaires et si bien à la portée de tous; et ne savez-vous pas que les lettrés chinois passent toute leur vie, à apprendre leur écriture pour ne réussir qu'à la savoir médiocrement? Franchement, vous ne pouviez pas choisir d'exemples plus détestables à l'appui de votre thèse, ou, en d'autres termes, d'exemples plus probants contre elle.)

« Le but de cet écrit est de montrer que M. de Saulcy est bien loin de pouvoir prétendre à quelque autorité dans la science égyptienne, et nommément dans le déchiffrement du démotique, dont il s'est le plus occupé; il est pénétrant et habile dans ses recherches, mais sans critique; il est trop prompt, et il n'allie pas avec sa pénétration ce sensentiment *du juste* qui était si éminent chez Champollion et qui suppléait à son moindre talent pour l'analyse; M. de Saulcy, par son exposition TRANCHANTE et séduisante, pourra trouver facilement des croyants soumis au contrôle du petit nombre, et je croirai avoir rendu quelque service si j'ai réussi à montrer la parfaite insuffisance de ses ASSERTIONS et de ses résultats dans le champ de l'analyse démotique. Non-seulement il n'a rien mis de nouveau au jour, mais il a même méconnu des principes admis avec raison et qui ont servi à donner des EXPLICATIONS CERTAINES; cependant je suis loin de le mettre dans la série de ces égyptologues, qui commence au savant jésuite le père Kircher, en 1652, et se termine au savant jésuite le père Secchi, en 1817. La pénétration de son esprit et son talent l'en préserveront toujours. Je ne doute pas non plus que nous devrons encore à sa plume beaucoup de choses nouvelles et bien travaillées, lorsqu'il voudra s'appliquer exclusivement à un seul objet. Mais il serait de la plus grande utilité pour les études démotiques que le travail de Champollion sur le texte démotique de Rosette, dût-il ne pas contenir ses derniers résultats, fût publié; car, même les conjectures les plus fugitives de Champollion ont plus de valeur que les longues déductions des savants inexpérimentés sur cette matière. »

Maintenant que j'ai fini la réfutation de votre critique acerbe de mes travaux, ne trouvez-vous pas, monsieur le docteur, que j'ai eu raison de voir beaucoup d'exagération dans le jugement que vous vous êtes permis de leur appliquer à l'avance, sauf à l'étayer après coup du réquisitoire que je viens d'analyser? Croyez moi, monsieur, il y a de la témérité de votre part à penser que vous êtes l'unique représentant de la philologie égyptienne; car, je ne crains pas de vous l'affirmer, il vous faudra travailler longtemps encore, avant d'avoir des idées saines sur l'écriture et le langage démotiques. Je vous ai prouvé, ou plutôt vous avez prouvé vous-même que vous n'entendiez rien à la lecture matérielle, *même des noms propres du décret de Rosette.* Quelle confiance voulez-vous inspirer dès lors à quiconque examinera d'un peu près vos assertions? Vous voyez que, malgré toutes vos précautions pour vous mettre vous-même à l'abri de la critique, malgré votre persévérance à éviter toute espèce d'interprétation raisonnée, toute analyse qui sortît du domaine de l'assertion pure et simple, vous n'avez pas réussi le moins du monde à vous garer de l'arme que vous pensiez avoir seul le droit de manier; elle était à deux tranchants cette arme que vous avez maladroitement tirée du fourreau, et si vous êtes aujourd'hui plus grièvement blessé que moi, la faute en est à vous seul. Je ne vous plains pas moins, en toute sincérité, d'avoir cédé à l'impulsion de je ne veux pas savoir quel sentiment, pour attaquer un homme inoffensif, et qui n'avait pas à se reprocher l'ombre d'un mauvais procédé à votre égard. Vous êtes entré dans une déplorable voie, monsieur, en croyant élever votre nom de toute la hauteur dont vous abaisseriez le nom d'autrui, et en échange des duretés dont vous avez été si prodigue envers moi, je ne puis que vous donner un sage conseil et que vous adjurer de quitter la triste arène où vous m'avez fait descendre bien à contre-cœur. Rappelez-vous que, dans les débats de ce genre, le vainqueur n'est guère plus heureux que le vaincu; car le résultat définitif et fatal qu'ils atteignent forcément tous les deux, c'est un peu de discrédit et de ridicule jeté sur l'étude dont ils font leurs délices. Croyez-moi donc, imitez l'exemple que je vais vous donner, et renoncez à une guerre qui vous prendrait, en pure perte, beaucoup plus de temps qu'elle ne vaut; reportez tout ce temps sur la publication des matériaux dont vous vous êtes enrichi pendant votre voyage, et au lieu d'attaquer les autres, défendez-vous vous-même contre de bien tristes allégations qui vous concernent et dont je ne voudrais pas me faire l'écho!

F. DE SAULCY.

DE L'IMPRIMERIE DE CRAPELET, RUE DE VAUGIRARD, 9.

www.ingramcontent.com/pod-product-compliance
Ingram Content Group UK Ltd.
Pitfield, Milton Keynes, MK11 3LW, UK
UKHW020348250726
13967UKWH00005B/2178

9 782013 651516